Stefanie und Markus Kühn

Onlinebanking leicht gemacht

Stefanie Kühn

Markus Kühn

Onlinebanking leicht gemacht

Steigen Sie kühn

auf Direktbanken um

Bibliografische Information der Deutschen Nationalbibliothek

Die Deutsche Nationalbibliothek verzeichnet diese Publikation in der Deutschen Nationalbibliografie; detaillierte bibliografische Daten sind im Internet über http://dnb.d-nb.de abrufbar.

3. komplett überarbeitete Auflage 2013

© Stefanie und Markus Kühn, Grafing b. München 2008 und 2013

Layout, Bildredaktion und Satz: Markus Kühn

Bildnachweis – Titel: thegoatman – Fotolia.com; Inhalt: Fotolia.com - Jürgen Fälchle, Spofi, Dmitry, Sergii Figurnyi, daniilantiq2010, pizuttipics

Herstellung und Verlag: BoD - Books on Demand, Norderstedt

ISBN: 978-3-7322-3411-0

FSC
www.fsc.org

MIX
Papier aus verantwortungsvollen Quellen
Paper from responsible sources
FSC® C105338

Inhalt

Ein Wort vorab

Seit der ersten Auflage im Sommer 2008 hat sich viel getan. Damals standen wir kurz vor dem Höhepunkt der Finanzkrise mit der Lehman Pleite. Die darauf folgenden Monate bis zum Frühjahr 2009 rüttelten viele Menschen auf. Sie erkannten, dass sie sich selbst um ihr Geld kümmern mussten, da sonst ihre persönlichen Pläne ernsthaft in Gefahr geraten konnten.

Das Vertrauen zu vielen Finanzberatern ging in dieser Zeit verloren. Menschen suchten verstärkt Alternativen zur Hausbank. Damit eng verbunden war auch die Frage nach dem „Wie kann ich die Dinge denn selbst in die Hand nehmen?". Und genau an dieser Stelle kommt das Onlinebanking ins Spiel. Onlinebanking bedeutet, dass Sie die Verantwortung für Ihre Geldanlagen und Anlageprodukte selbst übernehmen. Es bedeutet, dass Sie sich unabhängig von den Verkaufsgesprächen der Banken und freien Finanzdienstleister machen können, denn Sie müssen nicht erst zum „Beratungsgespräch", um Geldgeschäfte abzuwickeln und Anlagen abzuschließen.

Quasi nahtlos schloss sich die Eurokrise der Finanzkrise an. Erneut wurde unsere Welt binnen kurzer Zeit komplett in Frage gestellt. Die Fragen nach Inflation oder Deflation, krisensicheren Anlagen und ausländischen Kontoverbindungen zeigen uns, dass die Deutschen mehr und mehr gewillt sind, sich nicht mehr auf die Versprechen anderer zu verlassen, sondern jetzt selbst Fragen stellen und eigene Lösungen entwickeln.

Und wieder kommt hier das Onlinebanking ins Spiel. Denn je aktiver der Mensch seine Geldanlagen betreibt, umso mehr nimmt er auch die Gebühren rund um diese Anlagen wahr und möchte diese senken. Jedes Mal ins Ausland zu fahren, um eine Geldangelegenheit zu regeln, ist mühsam – so beschäftigen sich deutsche Anleger plötzlich auch mit ausländischen Bank-Webseiten.

Ein Gutes hatte die Finanz- und Eurokrise daher aus unserer Sicht - Geld wurde wieder Thema und die Bereitschaft, Eigenverantwortung zu übernehmen, stieg spürbar an. Wir haben in den vergangenen fünf Jahren unzählige Menschen bei ihren ersten Schritten im Onlinebanking begleitet, in Vorträgen Live-Simulationen von Geldanlagen wie den „Fondskauf über die Börse" gezeigt und festgestellt, das jeder, wirklich jeder, Onlinebanking lernen kann.

Was Sie dazu brauchen? Einen PC mit aktueller Sicherheitssoftware, ein Konto mit freigeschaltetem Onlinebanking, Ruhe und eine Prise Gelassenheit.

Bei der dritten Auflage dieses Buches war eine vollständige Aktualisierung notwendig. Nicht nur die Krisenhäufigkeit hat zugenommen, sondern auch das World Wide Web scheint sich in immer kürzeren Zeiträumen neu zu erfinden. Die Nachrichten über Computerkriminalität haben in den letzten Jahren deutlich zugenommen. Umso wichtiger ist es daher, besonders wachsam zu bleiben.

1. Eine Reise durch die Welt des Online-bankings

Herzlich willkommen auf unserer Reise durch die Welt des Onlinebankings! Wir sind Ihre Reiseleitung, meine sehr verehrten Damen und Herren. Wir starten an genau dem Punkt, an dem Sie gerade stehen – ob noch ohne Internetanschluss oder bereits nach ersten vorsichtigen Versuchen. Seien Sie unbesorgt, jeder wird mitkommen.

Manche von Ihnen werden schon vor ihrem PC gesessen und sich gedacht haben: „Hätte ich doch nie damit angefangen!". Andere sind einfach gespannt, was in der Welt der Direktbanken alles möglich ist. Egal, in welcher Gruppe Sie sich sehen, wir freuen uns, dass Sie sich schlau machen möchten, um Direktbanken in Ihre Geldgeschäfte und Anlagestrategie miteinzubeziehen.

Was ist eigentlich Onlinebanking?

Unter Onlinebanking (gelegentlich auch Homebanking oder E-Banking genannt) versteht man, vereinfacht gesagt, die Abwicklung von Bankgeschäften über das Internet. Sie erledigen beim Onlinebanking Ihre Überweisungen, Wertpapierkäufe, das Einrichten von Daueraufträgen und vieles mehr an Ihrem PC und nicht am Schalter Ihrer Hausbank.

Onlinebanking wird immer beliebter. Nach einer aktuellen Untersuchung des Hightech-Verbandes Bitkom auf Basis von Daten der europäischen Statistikbehörde Eurostat erledigen mittlerweile 45 Prozent der Deutschen ihre Bankgeschäfte über das Internet. Der europäische Schnitt liegt bei 38 Prozent. Spitzenreiter in Europa sind die Norweger und Isländer mit 86 Prozent, gefolgt von den Finnen (82 Prozent) und den Niederländern (80 Prozent). Auch in Frankreich ist die Gruppe der Onlinebanking-Nutzer mit 54 Prozent höher als in Deutschland. Besonders in den Altersgruppen der Berufstätigen ist der Anteil der Nutzer von Onlinebanking hoch.

Onlinebanking bei der Hausbank

Die meisten Hausbanken bieten für ihre Konten auch Onlinebanking an. Ihr Konto wird dann weiter bei Ihrer Hausbank geführt und Sie können zusätzlich über das Internet auf dieses zugreifen und Ihre Finanzgeschäfte an Ihrem PC führen. Online geführte Girokonten sind meist billiger als Filialkonten, oft sogar kostenlos.

 Wenn Sie neu ins Onlinebanking einsteigen wollen, aber den Aufwand fürchten, Ihr Girokonto zu wechseln, weil Sie dann überall Ihre neue Kontoverbindung mitteilen müssten, kann das online geführte Girokonto bei der Hausbank ein erster Einstiegsweg in die Welt des Onlinebankings sein.

Mit einem online geführten Konto bei Ihrer Hausbank reduzieren Sie nicht nur Ihre Kosten, Sie werden auch schon ein ganzes Stück unabhängiger. So sind Sie beispielsweise nicht mehr auf einen Termin bei Ihrem Bankberater oder die Öffnungszeiten der Bank angewiesen.

Wenn Sie noch mehr für Ihre Unabhängigkeit bei Ihren Geldgeschäften tun wollen, zum Beispiel Kosten sparen oder andere Produkte als die Hausbankempfehlung kaufen wollen, sollten Sie darüber nachdenken, auch (oder nur) ein Konto bei einer (oder mehreren) Direktbank(en) zu eröffnen.

Onlinebanking bei einer Direktbank

Die freie Enzyklopädie Wikipedia definiert eine Direktbank folgendermaßen:

> *„Direktbanken sind Banken, die Bankgeschäfte ohne eigenes Filialnetz anbieten. Sie unterliegen den gleichen bankenaufsichtsrechtlichen Bestimmungen wie Filialbanken.*

> *Organisatorisch wird eine Direktbank als die Summe aller systematischen Aktivitäten zum Absatz von Bankleistungen über direkte Kommunikationskanäle definiert. Herkömmlich ist dies der Postweg, in neuerer Zeit ist es das Internet. Durch den technischen Fortschritt verfügen inzwischen viele Kreditinstitute auch über spezialisierte Geschäftsbereiche, die wie eine Direktbank arbeiten."*

Sie können es sich auch so merken: Jede Bank, in die Sie nicht hineingehen können, ist eine reine Direktbank. Sie kommunizieren mit ihr über Internet, Telefon, Fax und auf dem Postweg, nachdem Sie Ihr Konto eröffnet haben.

Welche Vorteile Direktbanken haben, worauf Sie bei Direktbanken achten müssen und wie Sie die passende Direktbank für sich finden, zeigen wir Ihnen in den nächsten Kapiteln.

Der Siegeszug der Direktbanken

Seit Anfang dieses Jahrtausends verzeichnen Direktbanken einen stetig wachsenden Marktanteil in Deutschland. Schätzungen gehen davon aus, dass die Zahl der Kunden von Direktbanken bis zum Jahre 2015 von derzeit rund 15 auf rund 20 Millionen Kunden wachsen könnte.

Was sind die Gründe für die zunehmende Bedeutung der Direktbanken? Zum einen sind es sicherlich die gegenüber den Hausbanken oftmals deutlich attraktiveren Konditionen. Das fängt beim Tagesgeld an und hört bei den Transaktionskosten (also den Kauf- und Verkaufskosten) für Wertpapiere auf. Gerade in Zeiten, in denen die Sozialversicherungssysteme bröckeln, die Sicherheit des Euros diskutiert wird und mehr Eigeninitiative von jedem Einzelnen verlangt wird, suchen die Menschen nach Möglichkeiten, ihr hart erarbeitetes Geld zu schützen und zu mehren.

Doch ist es das allein? Wir denken nicht. Im Frühjahr 2008 haben führende deutsche Wirtschaftszeitungen wie beispielsweise die Wirtschaftswoche oder Capital erstmals von zweifelhaften Beratungs- und Verkaufspraktiken vieler traditioneller Banken berichtet. Im Zuge der Finanzkrise folgten Fernsehbeiträge und Talkshowrunden. Die betroffenen Geldhäuser waren bunt gemischt von Privatbanken bis zu öffentlichen Instituten und Strukturvertrieben. Und erstmals waren es keine Berichte über Gebührenschinderei und schlechte Beratung bei sehr reichen Menschen, den sogenannten Private-Banking- oder Wealth-Management-Kunden. Nein, es betraf den „normalen" Privatkunden: Sie und wir konnten uns in diesen Schilderungen wiederfinden. Mit zunehmendem Misstrauen gegenüber den alteingesessenen Banken und Sparkassen suchen Verbraucher nach Alternativen, die sie bei den Direktbanken finden können.

Einen dritten Grund für das verstärkte Interesse möchten wir noch anführen: Die Menschen sind zu Beginn des 21. Jahrhunderts sehr aufgeklärt, was die Nutzung des Internets betrifft. Nach dem (N)ONLINER Atlas 2012 der Initiative D21 (eine Initiative in Zusammenarbeit mit TNS Infratest und namhaften Sponsoren, die jährlich diese Statistik veröffentlicht) sind mittlerweile 76 Prozent der Deutschen online, nutzen also das Internet. Je vertrauter Anleger mit dem Internet sind, umso eher sind sie bereit, sich auch mit Direktbanken und Onlinebanking zu beschäftigen. Es ist einfach, sich verschiedene Direktbanken am Bildschirm anzusehen und miteinander zu vergleichen.

Die Vorzüge der Direktbanken

Zum Schluss dieses Kapitels möchten wir Ihnen einen Vorgeschmack geben, was Direktbanken so attraktiv macht. Vielleicht erinnern Sie sich noch an die „Liebe ist…"-Bildchen, die Sie früher in vielen Tageszeitungen finden konnten. Diese kamen uns bei unserer „Direktbanken sind..."-Aufzählung spontan in den Sinn. Es geht um weit mehr als um eine billige Bankverbindung.

- Direktbanken sind bequem. Nachdem Sie das Handwerkszeug gelernt haben, werden Sie ganz gemütlich vom heimischen PC aus Ihre Bankgeschäfte tätigen – zu jeder Uhrzeit. Erinnern Sie sich: Irgendwann haben Sie Ihren ersten Scheck oder Überweisungsträger ausgefüllt. Anfangs ist man daran fast verzweifelt, doch wir haben es gelernt und schnell wurde es Routine. Genauso wird es Ihnen mit dem Onlinebanking bei einer Direktbank ergehen.

- Direktbanken sind günstig. Entweder gibt es keine Kontoführungs- und Depotgebühren oder diese sind minimal. Die Kauf- und Verkaufsgebühren bei Wertpapieren betragen nur einen Bruchteil der üblichen Hausbank-Gebühren. Die Ausgabeaufschläge bei Fonds sind oft um die Hälfte oder mehr reduziert oder Sie kaufen sie gleich über die Börse.

- Direktbanken sind transparent. Sie können die aktuellen Zinssätze und Gebühren direkt an Ihrem Bildschirm nachlesen. Aber Vorsicht: Auch bei Direktbanken gibt es „Kleingedrucktes".

- Direktbanken sind ein Angebot: Sie schauen sich auf der Homepage an, was Sie möchten, und Sie entscheiden sich selbst für Produkte. Oder Sie entscheiden sich dagegen. Viele Kunden klassischer Hausbanken oder von Finanzvertrieben trauen sich oft nicht, ein vom Bankangestellten oder Finanzvermittler angepriesenes Produkt nicht zu kaufen. Schließlich hat der „Berater" sich ja soviel Zeit für den Kunden genommen... Bei einer Direktbank kaufen Sie nur, wenn Sie das wirklich wollen und das Produkt (hoffentlich) zu Ihnen passt.

- Direktbanken sind der Zugang zur Börse: Fonds über die Börse kaufen – das machen viele Hausbanken nur auf explizite Aufforderung, denn sie möchten den Ausgabeaufschlag beim Fonds verdienen. Dieser ist bis über vier Prozent höher als die Gebühren beim Kauf über die Börse. Bei einem Kauf in Höhe von 10.000 Euro sind das bei einer Ersparnis von 4 Prozent immerhin 400 Euro Unterschied! Da Direktbanken die Gebühren „deckeln", beispielsweise auf 40 Euro pro Transaktion, sparen Sie bei einem Kauf von 100.000 Euro bis zu 4.960 Euro.

- Direktbanken sind ETFs gegenüber offen. Ein Exchange Traded Fund (ETF) ist ein Indexfonds. Er bildet einen Index wie beispielsweise den DAX – den Index der 30 bedeutendsten Unternehmen in Deutschland – ab. Ein Fondsmanager, der täglich entscheidet, welche Aktien oder Anleihen im Fonds gehalten werden sollen, ist damit überflüssig. Dadurch sind die Gebühren des ETFs niedriger, als die eines gemanagten Fonds. ETFs sind sicher kein Allheilmittel und nicht per se einem gemanagten Fonds vorzuziehen, aber eine sinnvolle und kostengünstige Ergänzung in vielen Depots. Von Hausbanken werden ETFs aber nur sehr selten oder nur auf explizite Nachfrage des Kunden angeboten, da diese Produkte weniger Gebühren für die Bank bedeuten.

- Direktbanken sind ein unverzichtbarer Weg zur finanziellen Freiheit: Sie treffen autonome Entscheidungen, Sie werden praktisch gezwungen, sich mit Ihren Geldgeschäften auszukennen, und Sie können die Schuld eines Fehlinvestments auf niemanden außer sich selbst schieben. Direktbanken nehmen Sie in die Verantwortung!

2. Die deutsche Direktbankenlandschaft

Die Filialbanken haben auf die Konkurrenz der Direktbanken reagiert, indem sie ihre Internetpräsenzen ausgebaut haben. Nahezu jede Filialbank ist heute auch online erreichbar und bietet mindestens die wichtigsten Funktionen vom Zahlungsverkehr bis zum Wertpapiergeschäft an.

Die Direktbanken wiederum versuchen zunehmend, nicht nur Zweitbank sondern Haupt- oder gar alleinige Bank Ihrer Kunden zu werden. Dazu bieten sie zum einen die „klassischen" Direktbankprodukte wie Girokonto, Tagesgeld, Festgeld und Wertpapiergeschäft an. Bei vielen Direktbanken finden Sie für das Wort „Wertpapiergeschäft" die englische Bezeichnung „Brokerage". Zum anderen bieten Direktbanken auch Konzepte für den Vermögensaufbau und Altersvorsorgeprodukte an. Das sind zum Beispiel Investmentfonds und Riesterprodukte. Während Investmentfonds zum Vermögensaufbau schon lange zum Standard zählen, werden inzwischen auch Fremdwährungskonten und Anlageprodukte für vermögenswirksame Leistungen (vL) angeboten. Aber auch Baufinanzierungen und Konsumentenkredite gehören bei etlichen Anbietern mittlerweile zum Sortiment.

Oftmals sind die Direktbanken Tochterunternehmen großer Finanzkonzerne. Einen Auszug, wer im derzeitigen Markt zu wem gehört, sehen Sie in der folgenden Abbildung:

Direktbank	gehört zu	Homepage
1822direkt	Frankfurter Sparkasse	www.1822-direkt.de
comdirect	Commerzbank	www.comdirect.de
Cortal Consors	BNP Paribas	www.cortal-consors.de
DAB	UniCredit Group	www.dab-bank.de
DKB	Bayerische Landesbank	www.dkb.de
ING-DiBa	ING-Group	www.diba.de
Netbank	Landesbank Berlin	www.netbank.de
Norisbank	Deutsche Bank Gruppe	www.norisbank.de
Santander-Direkt Bank	Santander Bank	www.santander-direkt.de

Abb. 1: Einige Direktbanken am deutschen Markt

Der dickste Fisch im Direktbankenteich ist die ING-DiBa, die einen Marktanteil von rund 48 Prozent bei den Direktbanken und über sieben Millionen Kunden aufweist. Auf den Plätzen zwei und drei folgen die Deutsche Kreditbank (DKB) und die comdirect bank mit 12 und 11 Prozent Marktanteil.

Gemessen an den Kundenzahlen sind weitere große Anbieter die Mercedes-Benz Bank, die Volkswagen Bank direct und die BMW Bank. Diese Autobanken, die als Tochtergesellschaften von Autoherstellern zunächst Autofinanzierungen angeboten haben, sind inzwischen auch im Geldanlagebereich sehr aktiv. Daher beziehen wir die Autobanken in den Begriff „Direktbanken" mit ein. Ihre hohen Kundenzahlen erreichen sie insbesondere über die Finanzierungen von Fahrzeugen. Für den Wertpapierbereich sind sie jedoch in der Regel nicht empfehlenswert, da ihr Angebot oft nur sehr eingeschränkt oder teuer ist.

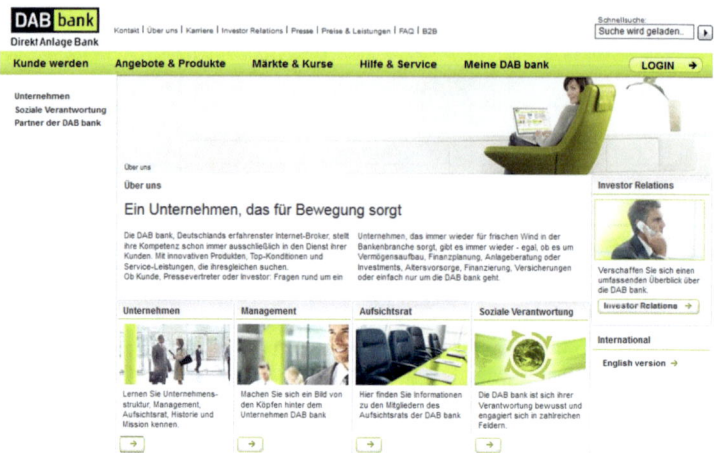

Abb. 2: So informiert die DAB Bank über sich

Eine große, gemeinsame Direktbank der Sparkassen oder Genossenschaftsbanken gibt es nicht. Das verhindert wohl bisher deren Gebietsschutz für die regionalen Geschäftsstellen. Zur BayernLB gehört die DKB, die 1822direkt zur Frankfurter Sparkasse, die S-Brokers konzentriert sich auf den Wertpapierhandel.

Am Markt gibt es noch eine weitere Gruppe von Direktbanken - die ausländischen Banken, die überwiegend Tages- und Festgelder anbieten. Sie machen mit guten Konditionen im Tages- und Festgeldbereich auf sich aufmerksam. Sehr gute Konditionen bieten hier immer wieder die niederländische NIBC Direct an. Noch recht neu am deutschen Markt ist die ebenfalls niederländische Bank MoneYou, eine Tochter der ABN Amro und die RaboDirect, eine Tochter der Rabobank. Am bekanntesten ist hier sicherlich die Credit Europe – ehemals Finansbank – ebenfalls aus den Niederlanden.

Einlagensicherung –

um diesen Begriff kommen Sie nicht herum

Neben der technischen Sicherheit ist die Frage nach der Sicherheit des angelegten Geldes der häufigste Punkt, den unsere Mandanten diskutieren, bevor sie sich zur Eröffnung eines Direktbank-Kontos entscheiden. Grundsätzlich können Sie sich merken, dass es keinen Unterschied zwischen Hausbank und Direktbank gibt, was die Einlagensicherung angeht. Ihre Einlagen sind über verschiedene Sicherungssysteme bei den Hausbanken und den Direktbanken abgesichert. Die Einlagensicherung umfasst allerdings lediglich Ihr Geld auf dem Girokonto, Tagesgeldkonto oder Festgeldkonto.

 Wertpapiere - dazu zählen auch Anleihen und Zertifikate – unterliegen grundsätzlich nicht der Einlagensicherung.

Wir empfehlen Ihnen, für alle neuen Bankverbindungen, die Sie aufnehmen möchten, zu überprüfen, durch welches Land und bis zu welcher Höhe Ihre Einlagen gesichert sind.

In der EU besteht seit dem 01.01.2011 eine gesetzliche Mindestsicherung von 100.000 Euro. Großbritannien garantiert ebenfalls umgerechnet ungefähr 100.000 Euro. Welche gesetzliche Einlagensicherung greift, liegt am Hauptsitz der Bank. Gibt es in Deutschland nur Niederlassungen, so greift die gesetzliche Einlagensicherung des Hauptsitz-Landes. So weist die Direktbank Cortal Consors eine französische Einlagensicherung auf, die Santander-Direktbank dagegen deutsche Einlagensicherung.

Über diesen Betrag hinausgehend haben die meisten Banken in Deutschland freiwillige Maßnahmen ergriffen, um den Schutz der Anleger zu erhöhen. Während Sparkassen und Genossenschaftsbanken ihre eigenen Sicherungstöpfe haben, sind die meisten privaten Banken Mitglied im Einlagensicherungsfonds des Bundesverbandes deutscher Banken. Die Höhe der gesicherten Einlagen hängt vom haftenden Eigenkapital der Bank ab. Derzeit werden bis Ende 2014 pro Kunde 30 Prozent dieses Eigenkapitals garantiert, so dass selbst bei kleinen Banken Einlagen in Millionenhöhe gesichert sind. Ab 2015 sinkt die Sicherungsgrenze auf 20 Prozent des haftenden Eigenkapitals.

Wenn Sie bei einer ausländischen Direktbank anlegen, ist es besonders wichtig, die dortige Einlagensicherung zu prüfen und gegebenenfalls nur so viel anzulegen, wie gesichert ist. Dies gilt beispielsweise für die holländischen Banken NIBC Direct, Credit Europe und MoneYou. Cortal Consors und die Bank of Scotland dagegen sichern trotz der ausländischen gesetzlichen Einlagensicherung darüber hinausgehende Anlagen im Einlagensicherungsfonds des Bundesverbandes deutscher Banken ab.

Doch auch einige deutsche Banken beschränken sich auf die gesetzliche Einlagensicherung. Beispielsweise die Umweltbank hat Anlagegelder nicht in einer zusätzlichen Einlagensicherung gesichert. Anlagen über 100.000 Euro im Tages- und Festgeldbereich empfehlen wir daher dort nicht. Auf der Internetseite des Bankenverbands (www.bankenverband.de) können Sie feststellen, welche Bank der zusätzlichen Sicherung des Einlagensicherungsfonds unterliegt.

Ferner lohnt ein Blick auf das Land, das die gesetzliche Einlagensicherung ausspricht. Bei uns kursiert dazu ein geflügeltes Wort: Jede Garantie ist nur so gut, wie der, der sie begibt. Im Zuge der Eurokrise sind einige Länder als nicht mehr so sicher wie andere anzusehen. Dem sollten Sie auch bei Ihren Geldanlagen Rechnung tragen.

Legen Sie niemals mehr an, als an Einlagen gesichert ist. Negativ-Beispiele wie die Pleite des Bankhauses Reithinger im Jahr 2006 zeigen, dass der Fall einer Insolvenz einer Bank durchaus eintreten kann – auch in Deutschland und nicht nur bei einer vermeintlich dubiosen ausländischen Bank.

Ihr Wertpapiervermögen – das ist alles, was in Ihrem Depot liegt – gehört übrigens nicht zu den „Einlagen". Fonds beispielsweise sind ein besonders geschütztes Sondervermögen, das auch im Pleite-Fall Ihrer depotführenden Bank nicht verloren wäre. Als Aktionär wiederum sind Sie direkt an einer Aktiengesellschaft beteiligt. Auch wenn die Bank, die Ihr Depot führt, in die Insolvenz ginge, blieben Ihnen Ihre Aktien. Aber die Abwicklung und die Verfügbarkeit dürfte in einem solchen

Fall natürlich für einige Zeit nicht gegeben sein. Dies kann bei Wertpapieren durchaus negative Folgen haben.

 Im Rahmen der Eurokrise sind überdies Fremdwährungskonten immer beliebter geworden. Das sind Konten, die nicht in Euro, sondern in einer anderen Währung, wie zum Beispiel Dollar, Pfund oder Yen, geführt werden. Nach § 4 des Einlagensicherungs- und Anlegerschutzgesetzes besteht für solche Fremdwährungskonten keine gesetzliche Einlagensicherung, da diese sich auf Konten in Euro bzw. auf die sonstige Währung eines EU-Mitgliedsstaates beschränkt.

Fremdwährungskonten unterliegen aber dem Schutz des Einlagensicherungsfonds der Privatbanken, sofern die Bank dort Mitglied ist. Ebenso sind Fremdwährungskonten bei Sparkassen und Genossenschaftsbanken über deren „Institutshaftung" geschützt.

3. So finden Sie Ihre Direktbank

Die Suche nach der Direktbank, die zu Ihnen passt, führt über zwei Stationen. Zunächst überlegen Sie detailliert, wozu Sie eine Direktbank benötigen. Danach beschäftigen Sie sich mit den einzelnen Direktbanken, sowohl mit den Konditionen her als auch mit der Benutzeroberfläche und den technischen Details.

Wofür brauchen Sie Ihre Direktbank?

Als Erstes überlegen Sie sich, ob Sie komplett auf Onlinebanking bei einer Direktbank umsteigen oder ob Sie daneben auch weiterhin Ihre Filialbank nutzen möchten. Die meisten unserer Mandanten starten mit einer Direktbank als Zweitbank für die Geldanlage. Manche satteln nach einiger Zeit vollständig auf Direktbanken um, viele fahren aber weiterhin zweigleisig.

Falls Sie auch Ihr Girokonto über eine Direktbank führen möchten, sollte die Möglichkeit des Bargeldbezugs eine wichtige Rolle bei Ihrer Entscheidung spielen. Denn trotz aller Innovationen im Bereich des elektronischen Bezahlens wird Bargeld auch in Zukunft die Nummer eins unter den Zahlungsmitteln bleiben. Da Sie nur bei den Geldautomaten Ihrer Bank und eventuell bei den Banken, die in einem Verbund zusammengeschlossenen sind, kostenlos Bargeld holen dürfen, entsteht ein echter Kostenblock, wenn Sie keinen passenden Automaten in der Nähe haben. Mit hohen Gebühren an Geldautomaten zeigen insbesondere Sparkassen und Volksbanken „Fremdabhebern" oft, dass sie nicht erwünscht sind.

Nehmen wir an, Sie holen zweimal im Monat Bargeld und müssten bei einer Fremdbank jedes Mal Gebühren zahlen. Eine einheitliche gesetzliche Deckelung der Gebühren konnte bislang nicht durchgesetzt werden. Während die Privatbanken sich auf 1,95 Euro festgelegt haben, behalten sich besonders die Sparkassen höhere Gebühren vor. Wenn Sie hier jedes Mal beispielsweise 3,50 Euro zahlen müssten, würde Ihre monatliche „Grundgebühr" dann schon bei sieben Euro liegen.

Die ING-DiBa behilft sich neben ihren 1.200 eigenen Geldautomaten beispielsweise mit dem kostenlosen Bargeldbezug über die inzwischen kostenlose VISA-Karte. Sie können dann mit Ihrer Kreditkarte und einer Geheimnummer Geld am Automaten jeder Bank abheben.

Eines möchten wir an dieser Stelle nicht verschweigen: Ein Wechsel des kompletten Girokontos ist mühsam. Selbst mit den von einigen Direktbanken gelieferten Aufklebern mit neuer Kontoverbindung müssen Sie eben doch dafür Sorge tragen, dass Sie keinen Ihrer Vertragspartner vergessen. Ob es nun der Stromlieferant oder der Turnverein ist – irgendeinen vergisst man immer. Viele Hausbanken haben heute attraktive Girokontenmodelle, so dass ein Wechsel den Aufwand häufig nicht rechtfertigt.

 Wenn Sie sich für einen kompletten Banken-Wechsel entscheiden, führen Sie mindestens ein halbes Jahr altes und neues Girokonto parallel. So fällt Ihnen auf, wenn irgendwas noch nicht klappt, ohne dass Sie gleich Mahngebühren oder ähnliche „Strafen" zahlen müssen.

Überlegen Sie sich nun, für welche Bankgeschäfte Sie Ihre Direktbank nutzen wollen. Werden Sie dabei ganz konkret – eine einfache Differenzierung in „mit Girokonto" oder „ohne Girokonto" reicht nicht aus. Natürlich ist auch die Frage nach dem Girokonto berechtigt und wichtig, jedoch ist nicht jede Bank, die online ein gutes Girokonto anbietet, auch eine gute Bank für den Wertpapierhandel. Die Checkliste in Abbildung 3 hilft Ihnen, Ihren Bedarf herauszufiltern.

Wenn Sie Freiberufler oder Inhaber einer Firma sind und auch im Unternehmen Ihre Konten auf "online" umstellen möchten, werden Sie rasch feststellen, dass es ein Problem gibt. Während die Girokontoführung online natürlich kein Problem darstellt, sind die Tagesgeld-Konditionen für Firmen extrem schlecht. Lediglich bei Cortal Consors und der Postbank bekommen Sie ähnliche Konditionen wie der Privatkunde. Es gibt aber in diesem Bereich auch keine Lockangebote.

Anlage:	ja	nein
Girokonto		
Tagesgeldkonto		
Festgeld		
Anleihen direkt		
Aktien		
Fonds als Einmalanlage		
Fonds als Sparplan		
Zertifikate		
Mietkautionskonto		
Minderjährigen-Konto/-Depot		
...		

Abb. 3: Das möchte ich bei der Direktbank nutzen

Wer bietet Ihnen was?

Als Nächstes machen Sie sich ein Bild von der aktuellen Situation im „Land der Direktbanken". Recherchieren Sie, welche Möglichkeiten es gibt. In den großen Tageszeitungen und Wirtschaftsmagazinen gibt es immer wieder Vergleiche der einzelnen Online-Banken hinsichtlich Leistungen, Konditionen, Service etc.

Wenn Sie einige Banken in die engere Wahl gezogen haben, besuchen Sie deren Homepages im Internet. Sehen Sie sich die Menüführung der Direktbank an und überprüfen Sie, ob Sie sich gut zurechtfinden. Nehmen Sie sich Zeit für diesen Schritt.

Wir erleben es in der Beratungspraxis immer wieder, dass einige Bankoberflächen weniger gut mit Menschen zu harmonieren scheinen. Oftmals entscheiden sich Mandanten wegen eines besonders guten Angebotes, auf die Bequemlichkeit einer gut sortierten Menüführung zu verzichten.

Wenn Sie jedoch Ihre erste Online-Bank aussuchen, ist eine gut strukturierte Oberfläche der Garant für ein erfolgreiches Onlinebanking. Sie fühlen sich sehr viel schneller sicher und agieren damit auch souveräner, wenn mal etwas nicht gleich klappt.

Vergleichen Sie beispielsweise die Startseiten der ING-DiBa, der comdirect, der DAB-Bank und von Cortal Consors. Welche Seite erscheint Ihnen am übersichtlichsten? Mit welcher Menüführung kommen Sie besser zurecht, wo finden Sie also am schnellsten, was Sie suchen?

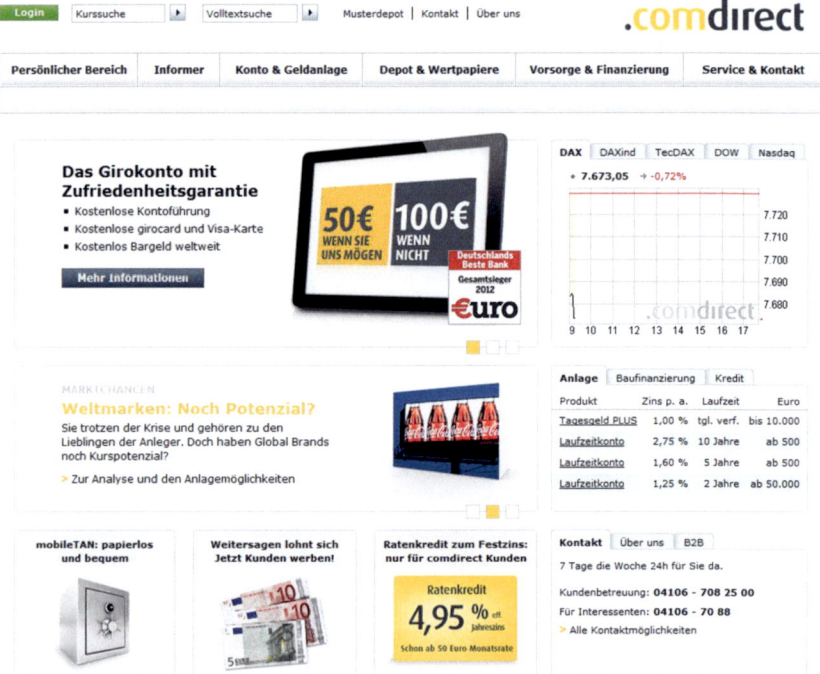

Abb. 4: Die Startseite der comdirect

Um es an dieser Stelle vorwegzunehmen. Die wenigsten Menschen, die mit dem Onlinebanking begonnen haben, bleiben bei nur einer Direktbank. Sehr schnell werden auch Sie feststellen, dass sich der Aufwand, mehrere Bankverbindungen zu führen, in barer Münze auszahlt. Natürlich müssen Sie kein exzessives „Tagesgeld-Hopping" betreiben, aber eine gute Direktbank für das Depot und eine für schöne Festgelder kann die Jahresrendite deutlich verbessern, auch wenn die Oberfläche der Bank für die Wertpapiergeschäfte vielleicht nicht ganz so schön ist.

Überlegen Sie sich auch, in welchem Umfang Sie Wertpapier-geschäfte betreiben möchten. Während bei vielen Direktbanken keine Depotgebühren für die Verwahrung und Verwaltung von Wertpapieren erhoben werden, gibt es erhebliche Unterschiede bei den sogenannten Transaktionskosten. Das sind die Kosten, die bei jedem Wertpapierkauf oder -verkauf anfallen. Angeboten werden unter anderem feste Prozentsätze vom Auftragsvolumen, Mindest- und Maximalgebühren oder vom Ordervolumen unabhängige Flatrates.

In welchem Umfang werden Sie Wertpapiergeschäfte betreiben?
Überlegen Sie, welche Wertpapiertransaktionen Sie in nächster Zeit durchführen werden, also in welcher Anlagehöhe und wie oft. Berechnen Sie, was Sie das bei für Sie interessanten (Direkt-)Banken kosten würde. Die Konditionen für Wertpapiergeschäfte finden Sie auf den Internetseiten meist unter dem Menüpunkt „Wertpapiere", „Brokerage" oder „Depot".

In der nächsten Abbildung finden Sie ein Beispiel für einen Vergleich und eine leere Tabelle, die Sie für sich verwenden können.

Anlage:	mein Bedarf	Direktbank 1	Direktbank 2	Direktbank 3
Girokonto	-			
Tagesgeldkonto	x	2,3% bis 5.000 Euro	1,75 %, unbegrenzt	Lockangebot mit 3,0 % bis 20.000 €, darüber 1,75 %
Festgeld	x	keine guten Konditionen	immer wieder Top-Angebote	mittelmäßig
Anleihen direkt	-			
Aktien	-			
Fonds als Einmalanlage	x	Zweitbeste Kostenstruktur	sehr gut!	schlechteste Kostenstruktur
Fonds als Sparplan	x	viele Fonds mit halbem AA*	einige Topfonds ohne AA, rel. viele mit 1/2 AA, aber weniger als Direktbank 1	eingeschränkteste Lösung
Zertifikate	-			
...				
Homepage		komme gut klar	sehr klar strukturiert	verwirrend
Sonstige Anmerkung		gute Muster-depotfunktion, diese kann man aber auch ohne Depot nutzen	viele Freunde nutzen Direktbank 2 auch, alle sehr zufrieden	ist mir am wenigsten bekannt; ausländische Einlagensicherung

AA*: Ausgabeaufschlag

Anlage:	mein Bedarf	Direktbank 1	Direktbank 2	Direktbank 3
Girokonto				
Tagesgeldkonto				
Festgeld				
Anleihen direkt				
Aktien				
Fonds als Einmalanlage				
Fonds als Sparplan				
Zertifikate				
...				
Homepage				
Sonstige Anmerkung				

Abb. 5: So vergleichen Sie Direktbanken

30

Der Tag der Entscheidung

Jetzt haben Sie viele Informationen gesammelt und vielleicht schon bei der Erstellung Ihrer Tabelle gemerkt, welche Bank unbedingt dabei sein sollte und welche nicht. Sie können nun sagen, welche Bank für Ihre Bedürfnisse am besten passt. Je mehr Geld Sie zum Anlegen haben, desto differenzierter wird auch Ihr Anlageplan sein. Da bietet es sich doch schnell an, zwei oder gar drei Konten in Erwägung zu ziehen.

Schauen Sie sich noch einmal den Beispielfall in der vorherigen Tabelle an. Es spricht offenbar vieles für die Direktbank 2. Viele Freunde nutzen diese Bank bereits und sind zufrieden. Das gibt einen Vertrauensvorsprung. Bei den gewünschten Einmalanlagen und dem Festgeld ist die Bank durch gute Konditionen aufgefallen. Bei den Sparplänen wird man etwas Flexibilität brauchen, aber die Top-Fonds ohne Ausgabeaufschlag locken. Lediglich das Tagesgeld hat nicht so gute Konditionen.

Für die Direktbank 3 spricht, dass 20.000 Euro zu drei Prozent als Tagesgeld angelegt werden können. Das ist offenbar ein zu diesem Zeitpunkt unschlagbares Angebot. Da es sich um ein Lockangebot handelt, müssen Sie nun die Bedingungen überprüfen, um festzustellen, ob das Angebot wirklich so gut ist, wie es scheint. Weil Lockangebote bei unseren Mandanten zu so vielen Fragen führen, greifen wir dieses Thema später noch einmal auf.

4. Von der Kontoeröffnung zum ersten Log-in

Wenn Sie sich für eine Direktbank entschieden haben, geht es los. Gehen Sie auf die Homepage Ihrer zukünftigen Bank und suchen Sie das Produkt, mit dem Sie starten wollen, beispielsweise ein Tagesgeld-Konto. Wenn Sie dieses anklicken, finden Sie neben den Informationen zum Tagesgeld schnell auch einen Button „Konto eröffnen". Lassen Sie sich dann durch das Menü für die Neueröffnung führen.

Alle Direktbanken bieten hier inzwischen sehr übersichtliche Masken an. Manchmal müssen Sie zunächst nur Ihre Adressdaten angeben und bekommen die Kontoeröffnungsunterlagen dann per Post. Einige Banken lassen Sie alles direkt am PC erstellen, sodass Sie mit den ausgedruckten Unterlagen sofort zur Post zwecks Postident-Verfahren gehen können.

Abb. 6: Eröffnung eines Tagesgeld-Kontos bei der ING-DiBa

Selbstverständlich müssen Sie das ganze Prozedere nur bei der ersten Eröffnung eines Kontos bei Ihrer Direktbank durchführen. Wollen Sie später auch ein Festgeld oder ein Girokonto eröffnen, können Sie das leicht online erledigen.

 Wollen Sie auch Wertpapiergeschäfte bei Ihrer Direktbank tätigen, können Sie gleich ein Depot mit zugehörigem Verrechnungskonto (Tagesgeld- oder Girokonto) eröffnen.

Das Postident-Verfahren

Damit die Direktbank weiß, dass Sie als deren Kunde auch wirklich Sie sind, ist zu Beginn der Geschäftsverbindung das sogenannte Postident-Verfahren (kurz Post-ID) vorgeschrieben. Das ist nicht etwa Schikane – jede Bank ist gesetzlich verpflichtet, die Identität ihrer Kunden zu überprüfen.

So geht's: Sie nehmen Ihre Kontoeröffnungsunterlagen, den Post-ID-Bogen sowie Ihren Personalausweis mit zur Post. Die Mitarbeiter der Post wissen genau Bescheid, was zu tun ist. Sie müssen sich um nichts weiter kümmern.

Wenn die Eröffnungsunterlagen samt Identifizierung bei Ihrer neuen Bank vorliegen, wird Ihnen ein „Eröffnungspaket" mit den wichtigsten Informationen zur Bank zugesandt. Die für Sie relevanten Daten sind dabei natürlich die Kontonummer, Ihre PIN (persönliche Identifikationsnummer) und die entsprechenden Unterlagen zum gültigen TAN-Verfahren. TAN ist die Ab-

kürzung der englischen Bezeichnung „Transaction Number" –
zu Deutsch „Transaktionsnummer". Mit den TANs geben Sie
einzelne Transaktionen frei. Sie können sich die TAN als Ein-
malkennwort vorstellen. Üblich ist eine Liste mit TANs oder
ein Gerät, das die TANs „produziert". Diese Informationen
werden immer getrennt zugesandt – nicht nur in verschiedenen Briefumschlägen, sondern meist auch an verschiedenen
Arbeitstagen. Das dient der Sicherheit, damit niemand Ihre
Unterlagen abgreifen und dann Ihr Konto nutzen kann.

Mit der PIN/TAN-Kombination wird eine Art elektronische
Unterschrift erstellt, die die Sicherheit gewährleistet: In Kombi-
nation mit der PIN, die im Allgemeinen unbegrenzt gültig ist,
soll mithilfe der TANs sichergestellt werden, dass nur der Kontoinhaber oder eine vom Kontoinhaber berechtigte Person
Zugriff zum Konto hat. Auf die verschiedenen PIN/TAN-Ver-
fahren gehen wir noch ein.

Neben dem PIN/TAN-Verfahren gibt es noch das Homeban-
king-Computer-Interface-Verfahren (HBCI-Verfahren). Hier erfolgt die Legitimation per Chipkarte. Dieses Verfahren gilt als
das sicherste, ist jedoch unter den Direktbanken nicht so ver-
breitet. Das PIN/TAN-Verfahren ist das gängigere, sodass wir
in diesem Buch nur darauf eingehen.

Umgang mit der PIN

Die PIN ist das Passwort, mit dem Sie der Bank sagen, dass Sie sich berechtigterweise in die Datenbank der Bank einloggen. Sie ist quasi Ihr Zugangscode.

Beim ersten Log-in werden Sie aufgefordert, das von der Bank vergebene Passwort zu ändern. Ein gutes Passwort ist mindestens sechs bis acht Stellen lang und immer eine Mischung aus Groß- und Kleinbuchstaben sowie Ziffern und Sonderzeichen. Vermeiden Sie Geburtsdaten, Wörter, die im Wörterbuch stehen und Buchstabenfolgen, wie Sie auf der Tastatur abgebildet sind.

Ihre PIN dürfen Sie natürlich nicht weitergeben und müssen sorgsam damit umgehen. Heutzutage kennen Sie das von Ihrer Maestro-Karte (früher EC-Karte genannt).

TAN-Verfahren, die Sie kennen sollten

Mithilfe der TANs können Sie einzelne Transaktionen, wie beispielsweise eine Überweisung oder einen Wertpapierkauf, freigeben. Einige Banken haben zur Freigabe eine Art „Master-TAN", die für eine ganze Sitzung gilt. Das ist jedoch nicht der Regelfall. Meist wird pro Transaktion eine TAN gebraucht. Die Banken nutzen unterschiedliche TAN-Verfahren.

Früher wurde dem Kunden eine TAN-Liste zugesandt, auf der ungefähr 100 TANs vermerkt waren. Jede TAN war zur Autorisierung einer Transaktion gedacht. Der Kunde musste dann eine bestimmte TAN eingeben – quasi als Unterschrift unter seinen Onlineauftrag. Da es bei diesem Verfahren häufiger zu Phishing-Angriffen kam, wird dieses Verfahren kaum noch verwendet. Phishing ist ein Kunstwort, dass das unberechtigte Abgreifen von Kenndaten bezeichnet. Mehr dazu lesen Sie im Kapitel fünf.

Der heutige „Minimalstandard" ist das **iTAN-Verfahren**. Hierbei wird die klassische TAN-Liste durch eine Liste ersetzt, bei der die TANs durchnummeriert sind. Bei einer Transaktion fordert die Bank den Kunden dann auf, eine durch die Nummerierung (Indexierung) der iTAN-Liste genau festgelegte TAN einzugeben. Diese sogenannte iTAN steht daher für „indexierte TAN". Es heißt dann beispielsweise, dass Sie die iTAN Nr. 97 verwenden müssen. Die Zahl, die bei der Nr. 97 auf Ihrer Liste angegeben ist, müssen Sie dann eintippen. Da auch das iTAN-Verfahren mittlerweile durch kriminelle Hacker angreifbar ist und nicht mehr als sicher gilt, bieten fast alle Banken auch sicherere Verfahren an oder verzichten ganz auf das iTAN-Verfahren.

Eine Variante sind mobile TANs (sogenannte **mTAN**s). Dabei wird der Kunde am Ende einer Transaktion (einer Überweisung oder einem Wertpapierkauf) aufgefordert, eine mobile TAN anzufordern. Diese wird dann von der Bank per SMS auf das Handy des Kunden gesendet. Sie gilt nur für die angeforderte Transaktion und kann nicht für zusätzliche oder andere Aufträge verwendet werden. Diese TAN gilt nur für einen begrenzten Zeitraum. Danach verfällt sie automatisch. In der

SMS der Bank werden außerdem die wesentlichen Daten des Auftrags wie Betrag und Empfängerkontonummer wiederholt, so dass der Kunde diese noch einmal überprüfen kann.

Dieses Verfahren erachten wir für sehr sicher, denn nicht nur die Log-in-Daten, sondern auch Ihr Handy müsste im Besitz des Betrügers sein. Natürlich könnte es auch passieren, dass es jemand schafft, die für Sie bei der Bank gespeicherte Handy-Nummer zu ändern. Dazu müsste er entweder als Hacker die Nummer im System der Bank ändern (ein geklautes Log-in würde nicht reichen), oder Ihre Unterschrift fälschen und damit die Änderung bewirken. Aber hier befinden wir uns dann wieder in einem Bereich, der nichts mit einem speziellen Online-banking-Risiko zu tun hat. Ihre Unterschrift könnte auch auf einem Überweisungsträger gefälscht werden. Davor ist niemand gefeit.

Das mTAN-Verfahren ist bequem und auch auf Reisen sind Sie so notfalls handlungsfähig, ohne eine Liste oder einen kleinen Generator, wie bei den nächsten Verfahren benötigt, in der Tasche zu haben.

Neben dem mTAN-Verfahren, bei dem Ihnen Transaktions-nummern auf Ihr Handy gesendet werden, gibt es Verfahren, bei denen die TANs mittels unterschiedlicher Generatoren, die einem einfachen Taschenrechner ähneln, erzeugt werden. Als sichere Verfahren gelten hier insbesondere eTAN plus und Chip TAN:

Beim **eTAN**-Verfahren erhalten Sie von Ihrer Bank einen TAN-Generator mit Display und Tastatur, der unter Einbeziehung der von Ihnen eingegebenen Auftragsdaten (zum Beispiel Kontonummer des Empfängers) eine zeitlich begrenzt gültige Transaktionsnummer erstellt.

Beim **chipTAN**-Verfahren müssen Sie noch Ihre persönliche Bankkarte in den TAN-Generator stecken, um mit diesem eine TAN zu produzieren, die Sie zum Abschluss Ihrer Transaktionen benötigen. Dieses Verfahren nutzen beispielsweise viele Sparkassen und Volksbanken.

Für die Überlassung eines TAN-Generatoren verlangen einige Banken ein Entgelt. Die Preise liegen meist im Bereich von 10 bis 20 Euro.

Ob Ihre favorisierte Direktbank zumindest ein kostenloses sicheres Verfahren wie mTAN anbietet, könnte auch eines Ihrer Kriterien bei der Bankauswahl sein. Angesichts der relativ geringen einmaligen Kosten von eTAN oder chipTAN sollte dieses Kriterium aber nicht überbewertet werden.

Etwas Ordnung muss sein

Viele Mandanten sind nach der Kontoeröffnung etwas entmutigt. Es kommen Berge von dicken und dünnen Briefen von der Direktbank. Die wirkliche wichtigen Briefe mit Kontonummer, PIN und TAN-Unterlagen sind oft etwas unübersichtlich im Berg der Werbung, der gesetzlich vorgeschriebenen Broschüren und Freistellungsauftragsformulare versteckt.

Legen Sie sich für jede Bankverbindung einen Ordner oder ein Ordner-Register an und heften Sie dort die wichtigen Unterlagen ab.

Manchmal ist zur endgültigen Freischaltung noch eine Unterschrift per Fax nötig, dass ein TAN-Gerät oder eine TAN-Liste unversehrt angekommen ist (beispielsweise bei Cortal Consors). Achten Sie daher auch auf solche Aufforderungen.

Die nachfolgende Checkliste hilft Ihnen, die Kontoeröffnung effektiv zu verfolgen:

NEUE BANKVERBINDUNG		
Name der Bank:		
Homepage: www.		
Ich benötige:	Girokonto	
	Tagesgeldkonto	
	Festgeld	
	Depot	
Eröffnungsunterlagen angefordert am:		
Post-ID-Verfahren hat stattgefunden am:		
Kontonummer:		
Depotnummer:		
PIN angekommen am:		
Muss PIN-Zugang schriftlich bestätigt werden?		
Wenn ja, erledigt am:		
TAN-Liste/-Generator angekommen am:		
Muss TAN-Zugang schriftlich bestätigt werden?		
Wenn ja, erledigt am:		
Sonstiges:		

Abb. 7: Checkliste für eine neue Bankverbindung

5. Viren, Würmer und Trojaner –
Sicherheit beim Onlinebanking

In diesem Buch klang es bereits mehrfach an – das Thema Sicherheit. So wie Sie die PIN Ihrer Maestro-Karte nicht in Ihrem Portemonnaie mit sich herumtragen, müssen Sie auch beim Onlinebanking darauf achtgeben, dass sich kein Unbefugter Zugang zu Ihrem Konto verschafft.

Doch vorweg: Betrüger gibt es nicht nur beim Onlinebanking, sondern überall. Gerade bei Maestro-Karten (früher EC-Karte genannt) warten Kriminelle mit immer neuen Verfahren auf, um die Daten der Kunden beispielsweise mit Kameras und gefälschten Tastatur-Aufsätzen auszuspähen. Jeder, der mit Maestro-Karte bezahlt, akzeptiert dieses Risiko.

Und wie die Banken das ihrige für die Sicherheit tun und gewährleisten, dass vertrauliche Daten bei der Übertragung über das Internet nicht ohne Berechtigung eingesehen und verändert werden können, so sind auch Sie dafür verantwortlich, dass Sie alles dafür tun, was Ihnen möglich ist, um einen Schaden zu vermeiden.

Sie selbst sind verantwortlich für das, was in Ihrem „Einzugsbereich" geschieht. Wenn auf Ihrem PC ein sogenannter Trojaner – also ein Computerprogramm, das unbemerkt Aktionen auf Ihrem Rechner ausführt – die Log-in-Daten erspäht, liegt das allein in Ihrer Verantwortung und nicht in der Ihrer Bank.

Auch wenn jemand in Ihrem Haus die vollständigen Log-in-Daten fein säuberlich auf einem Blatt aufgelistet findet, sind Sie selbst für den Schaden verantwortlich.

In der folgenden Tabelle sehen Sie die größten Gefahren, die im Internet lauern:

Hacker-Zugriff	Ein Unbefugter dringt über das Internet in Ihren PC ein und hat Zugang zu allen Daten, die Sie dort gespeichert haben.
Pharming	Beim Pharming ist die Zuordnung von Namen zu Internet-Adressen gefälscht, um Anfragen auf gefälschte Internetseiten umzuleiten: Sie landen also auf einer Internetseite, die der einer Bank oder eines Online-Shops täuschend ähnlich sieht. Ziel dieser Aktion kann es sein, Ihre Kreditkartendaten zu stehlen.
Phishing	Phishing ist Kunstwort, das sich aus „password" (Kennwort) und „fishing" (Fischen) zusammensetzt. Jemand benutzt einen Trick, um an Ihre vertraulichen Daten zu gelangen, z. B. über E-Mails oder gefälschte Internetadressen. Eine Phishing-E-Mail gibt zum Beispiel vor, von einem vertrauenswürdigen Absender wie Ihrer Bank zu stammen. Sie werden gebeten, über einen Link oder ein Formular vertrauliche Daten wie z. B. Kreditkartennummer, Kontodaten oder Passwörter einzugeben.
Keylogger	Keylogger-Software sind Programme, die die Eingaben eines PC-Nutzers protokollieren, um damit vertrauliche Daten wie Kennwörter oder PINs zu rekonstruieren. Manche Keylogger können die Daten über das Internet an einen Computer eines Betrügers senden.
Trojaner	Trojaner funktionieren wie das Trojanische Pferd der Antike: Ein scheinbar nützliches Programm trägt ein anderes in sich, das unbemerkt eindringt und sich auf Ihrem Computer oder Smartphone installiert. Passwörter und andere vertrauliche Daten können dadurch ausgespäht, verändert, gelöscht oder an den Angreifer verschickt werden.
Viren und Würmer	Viren und Würmer sind Programme, die sich selbst verbreiten und komplette Systeme lahmlegen können. Sie verbreiten sich z. B. über E-Mails oder aus dem Internet heruntergeladene Dateien.

Abb. 8: Kleines Lexikon der Internetgefahren

Die Banken selbst informieren sehr schnell und sehr deutlich, wenn Trojaner, Viren und ähnliches im Umlauf sind. Nehmen Sie solche Hinweise ernst! Nachfolgend sehen Sie ein Beispiel für eine Warnmeldung, die die comdirect herausgegeben hat:

> „comdirect wird Sie zu **keinem Zeitpunkt** auffordern, **sich per TAN als Kontoinhaber zu identifizieren oder gleichzeitig mehr als eine TAN einzugeben**. Sollten Sie dennoch dazu aufgefordert werden, handelt es sich um einen **Trojaner**. Nehmen Sie bitte keine Eingaben vor und wenden Sie sich an Ihre Kundenbetreuung unter ... „

Mit einigen „goldenen Sicherheitsregeln" und Anregungen möchten wir Sie nun fit für den sicheren Umgang mit dem Onlinebanking machen.

Virenschutz und Firewall:
Sorgen Sie für Sicherheit auf Ihrem PC

Dass Ihr Computer nicht von Viren, Trojanern und anderen Schäd-lingen befallen wird, ist nicht nur für das Onlinebanking wichtig. Sie müssen grundsätzlich darauf achten, damit eine störungslose Nutzung des Internets möglich ist.

Es gibt für private Nutzer kostenfreie Angebote für Virenschutz und Firewalls. Dies sind zum Beispiel: ZoneAlarm (Firewall), Avira Antivir (Antiviren Software), Ad-Aware (Spyware Entferner). Nützliche Links dazu finden Sie auch am Ende des Buches. Meist ist auch schon beim Kauf eines neuen PCs eine Sicherheitssoftware vorinstalliert, die Sie nach Ablauf einer Testphase kaufen können.

Sollten Sie sich unsicher sein, was Sie brauchen, fragen Sie in Ihrem privaten Umfeld nach. Wenn Sie der Generation 65 plus angehören, haben Sie vielleicht schon größere Enkelkinder, die in diesen Fragen fit sind und sich gerne ihr Taschengeld aufbessern möchten.

Kürzlich lasen wir in der Zeitung von einer Aktion, die so ähnlich wie „Brotzeit gegen Computerhilfe" hieß. Als wir im Internet nach solchen Aktionen recherchierten, fanden wir in zahllosen größeren Städten Unterstützungsangebote.

Wenn Sie mit einer Schutzsoftware ausgestattet sind, vergessen Sie nicht, diese immer wieder zu aktualisieren. Die meisten Programme fordern Sie regelmäßig dazu auf oder laden die Updates selbstständig herunter.

Lassen Sie Ihr Antivirenprogramm auch regelmäßig (zum Beispiel einmal pro Woche) einen kompletten Suchlauf über alle Laufwerke Ihres Computers durchführen, um sicherzustellen, dass sich nicht irgendwo ein Schadprogramm eingenistet hat.

Nun sprechen wir schon die ganze Zeit nur von „Ihrem PC" – und so soll es bei Bankgeschäften auch sein: Verzichten Sie hierbei auf die Nutzung von PCs in Internetcafés oder bei

Freunden. Sie wissen einfach nicht genau, wie sicher diese Computer sind.

Nutzen Sie außerdem einen als sicherer geltenden Browser, wie beispielsweise Mozilla Firefox. Da die meisten Menschen mit dem Windows Internet Explorer arbeiten, ist es für Hacker attraktiver, sich dort zu engagieren. Das ist natürlich keine Garantie, aber Sie haben eine höhere Wahrscheinlichkeit, kein Opfer von Hacker-Angriffen zu werden. Für fast alle Browser gibt es überdies kostenlos sogenannte Add-ons (Erweiterungen), die die Sicherheit erhöhen, indem sie bestimmte unerwünschte Programme blockieren.

Immer trennen: PIN und TAN

Erneuern Sie regelmäßig Ihre PINs – auch wenn es mühsam ist. Damit ist es für Hacker schwieriger, Zugang zu Ihrem Rechner zu bekommen.

Die Gefahren lauern nicht nur im Internet – auch zu Hause können Sie ausgespäht oder Opfer eines Einbruches werden. Darum fordern wir Sie dringend auf, PIN und TAN nicht zusammen aufzubewahren.

Haben Sie jedoch zwei oder mehr Banken, dann wird es schon kompliziert. Welche PIN gehört zu welcher Bank? Welche TAN-Liste zu welcher PIN?

Wir möchten Ihnen ein System vorstellen, das wir zur Beherr-
schung des Zahlenwustes entwickelt haben: Nehmen Sie sich
die Liste auf der nächsten Seite vor und füllen Sie in der ersten Spalte den oberen Bereich mit den Daten für Ihre Direktbank 1 aus. Für die zweite Direktbank nehmen Sie sich den
Bereich rechts oben vor. Im unteren Bereich tragen Sie an
gleicher Stelle die PINs und sonstigen Kennwörter ein. Trennen Sie nun das Blatt horizontal in der Mitte durch und bringen
Sie die beiden Zettel an verschiedenen Orten unter – bitte so,
dass Sie sie auch wieder finden.

Ob Sie eine eventuell noch vorhandene TAN-Liste nun ge-
meinsam mit dem oberen Teil ablegen oder an einem dritten
Ort deponieren, überlegen Sie sich bitte selbst.

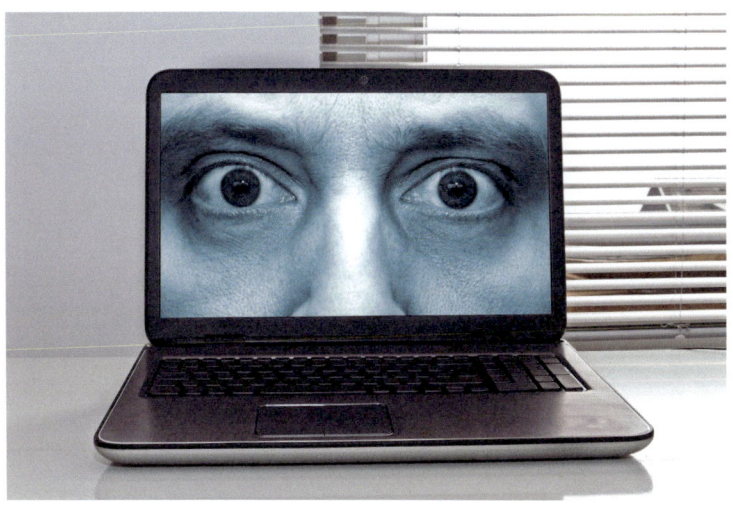

Wichtige Daten

Bank: _____
Kontonummer: _____
BLZ: _____
Zugangsnummer: _____
Hotline der Bank: _____

Bank: _____
Kontonummer: _____
BLZ: _____
Zugangsnummer: _____
Hotline der Bank: _____

Bank: _____
Kontonummer: _____
BLZ: _____
Zugangsnummer: _____

Bank: _____
Kontonummer: _____
BLZ: _____
Zugangsnummer: _____
Hotline der Bank: _____

(abtrennen und getrennt aufbewahren)

PIN/Identifier _____
ggf. sonstige Keys _____
Telefonbanking-PIN _____

PIN/Identifier _____
ggf. sonstige Keys _____
Telefonbanking-PIN _____

PIN/Identifier _____
ggf. sonstige Keys _____
Telefonbanking-PIN _____

PIN/Identifier _____
ggf. sonstige Keys _____
Telefonbanking-PIN _____

Abb. 9: Wichtige Daten Ihrer Bankverbindung

Mit diesen Schritten haben Sie sich ein stabiles Grundgerüst aufgebaut. Jetzt kommt es darauf an, auch beim Onlinebanking selbst einige Dinge zu beachten.

Zutritt verboten

Wenn Sie sich bei Ihrer Bank einloggen möchten, gehen Sie bitte immer über Ihren Browser. Verwenden Sie ein Lesezeichen oder tippen Sie die Internetadresse ein.

Die Internetadresse muss nach dem Log-in mit „https" beginnen. Das „s" steht dabei für eine sogenannte SSL-Verbindung, das bedeutet, dass während der Dauer Ihres Besuches bei der Bank alle Daten zwischen Bank und Rechner verschlüsselt werden. Erscheint das „s" nicht, informieren Sie bitte Ihre Bank.

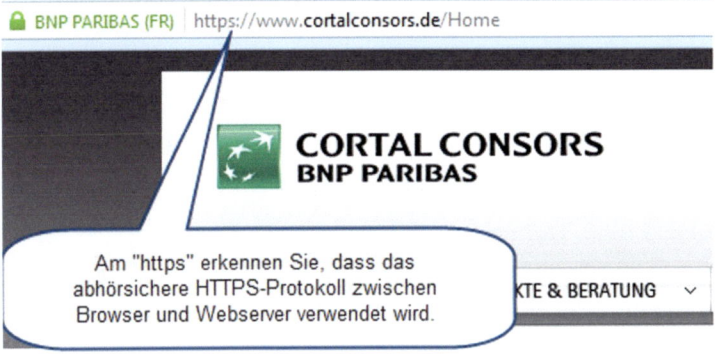

Abb. 10: Anzeige des HTTPS-Protokolls im Browser

Speichern Sie bitte Ihre PIN auch nicht als Passwort auf Ihrem PC ab, sondern geben Sie diese jedes Mal neu ein.

Folgen Sie niemals einem Link zu einer Internetadresse aus einer E-Mail! Sie könnten auf eine gefälschte Seite geleitet werden und Ihre Log-in-Daten könnten so ausspioniert werden (Phishing).

Ihre Bank wird Sie niemals per E-Mail dazu auffordern, ihr Ihre Kontonummer, PIN oder eine TAN zuzusenden. Derartige E-Mails sind immer gefälscht! Sollten Sie eine solche E-Mail erhalten, informieren Sie bitte umgehend Ihre Bank davon. Auch Mails, die Ihre Kreditkarte betreffen und Ihnen sagen, dass etwas mit der Karte nicht stimmt, sind immer gefälscht!

Einige Direktbanken zeigen Ihnen den genauen Zeitpunkt an, zu dem Sie das letzte Mal angemeldet waren. Wenn Sie sich diesen notieren, können Sie überprüfen, ob jemand anderes sich vielleicht zu einem Zeitpunkt Ihren Kontostand angesehen hat, zu dem Sie selbst gar nicht online waren. Dann wissen Sie, dass Sie einen „blinden Passagier an Bord" haben.

Wenn Sie eine Transaktion tätigen, wie beispielsweise einen Wertpapierkauf, dann benötigen Sie dazu immer nur genau eine TAN – niemals mehrere. Wenn Sie nach mehreren gefragt werden, informieren Sie bitte umgehend Ihre Bank.

Manche Direktbanken fragen Sie bei der ersten Transaktion, ob die TAN für die gesamte „Sitzung" gelten soll. In diesem Fall können Sie mit der einen TAN beliebig viele Transaktionen durchführen, bis Sie sich ausloggen. Davor möchten wir Sie warnen. Wenn Sie immer bevor es „ernst" wird, eine TAN eingeben müssen, gewöhnen Sie sich an, alle Daten vor der endgültigen Freigabe zu prüfen. Gilt die TAN für die gesamte

Sitzung, ist die Gefahr groß, dass Sie „mal schnell weiterklicken". Haben Sie sich vertan, kann dies unter Umständen teuer werden.

Am Ende Ihres Besuches bei der Direktbank steht das Logout. Die Bank meldet Sie zwar nach einer Inaktivität von einigen Minuten automatisch ab, in der Regel sollten Sie das aber selbst tun. So ist die Zeit strikt begrenzt, in der Sie jemand ausspionieren könnte.

So können Sie sich bei Ihrer Direktbank absichern

Beim Onlinebanking können Sie sich über die Festlegung von sogenannten Referenzkonten zusätzliche Sicherheit schaffen. Als Referenzkonto bezeichnet man in diesem Fall das Konto, auf das alle von Ihren Direktbankkonten ausgehenden Überweisungen gebucht werden. Dazu wählen Sie am besten Ihr Girokonto aus. In der Folge können Buchungen nur noch zwischen dem Direktbankkonto und diesem Referenzkonto erfolgen – eine Überweisung auf ein beliebiges Konto wird damit unterbunden. Viele Banken arbeiten mit dieser Funktion im Bereich der Tagesgeldkonten und Depots.

Bei Girokonten geht das natürlich nicht, denn da möchten Sie ja Ihre kompletten Bankgeschäfte tätigen. Für diejenigen unter Ihnen, die die Direktbank als Anlagebank nutzen, stellt die Möglichkeit, eines oder mehrere Referenzkonten einzurichten, aber eine hervorragende Sicherheitsvorkehrung dar.

Die Änderung des Referenzkontos ist meist nur per Post mit Unterschrift möglich. Und Ihre Unterschrift könnte auch auf einem Überweisungsträger bei der Hausbank gefälscht werden. Da haben Sie unseres Erachtens kein erhöhtes Risiko gegenüber einer traditionellen Bank.

Eine weitere Sicherheitsvorkehrung ist die Festlegung eines maximalen Überweisungsbetrags. Sie können dann höchstens bis zu der von Ihnen festgelegten Summe überweisen. Möchten Sie diese Summe heraufsetzen, ist wiederum eine schriftliche Mitteilung an die Direktbank nötig.

In der nächsten Abbildung finden Sie zehn goldene Sicherheitsregeln für das Onlinebanking noch einmal zusammengefasst. Viele Leser der vorherigen Auflage haben uns berichtet, dass sie diese Liste kopiert haben und beim Onlinebanking neben sich liegen haben. Geschmunzelt haben wir über den Satz: „Allein, dass die Liste da lag, gab mir ein sicheres Gefühl".

10 goldene Sicherheitsregeln beim Onlinebanking

1. Erledigen Sie Ihre Bankgeschäfte nur am heimischen Computer.

2. Sorgen Sie stets für einen aktuellen Virenschutz und eine Firewall.

3. Nutzen Sie einen sicheren Browser, zum Beispiel Firefox.

4. Bewahren Sie die Log-in-Daten getrennt auf (mindestens PIN und Kontonummer getrennt).

5. Erneuern Sie regelmäßig Ihre PINs und speichern Sie diese nicht auf Ihrem PC.

6. Loggen Sie sich niemals über einen Link aus einer E-Mail in die Bank ein.

7. Teilen Sie Ihre Log-in-Daten niemals per E-Mail mit. Die Bank wird das mit Sicherheit nie von Ihnen verlangen.

8. Sie benötigen pro Transaktion immer nur eine TAN, niemals zwei oder mehrere.

9. Beenden Sie jede Sitzung mit einem Log-out.

10. Erhöhen Sie durch die Einrichtung eines Referenzkontos und eines Überweisungslimits Ihre Sicherheit.

Abbildung 11: Sicherheitsregeln beim Onlinebanking

Nun wissen Sie, welche Vorkehrungen Sie treffen können und sollten, um sich im Land der Direktbanken sicher zu bewegen.

Beim Schreiben fiel uns ein, wie sich Stefanie selbst einmal in eine Sackgasse manövriert hatte: Vor unserem Urlaub hatte sie die Liste ihrer PINs und Zugangswörter extrem gut versteckt. Sie hatte sehr lange über ein gutes Versteck nachgedacht. Als wir aus dem Urlaub zurückkamen, war die Liste unauffindbar. Wir beantragten mühsam neue Zugangsdaten. Die Liste blieb verschwunden, bis zum nächsten Umzug. Da hängte Stefanie ihre Pinnwand ab und siehe da: Die Liste klebte auf der Rückseite. Ein wahrlich hervorragendes Versteck! Liebe Leser, seien Sie versichert, dass wir nie wieder etwas auf die Rückseite eines Bildes kleben werden, nachdem wir unser bestes Versteck nun für jeden offenbart haben.

6. Das erste Mal oder „Ich bin drin"

Sie sind bestens vorbereitet, Sie haben sich für eine oder mehrere Direktbanken entschieden, das Konto eröffnet, sich mit den Sicherheitsregeln beschäftigt und Ihre Übersichtsliste erstellt. Das oberste Gebot lautet jetzt: Lassen Sie sich nicht aus der Ruhe bringen! Sie werden das schaffen – das haben auch schon ganz andere geschafft.

Legen Sie Ihre halbierte Übersichtsliste mit Zugangsdaten und PIN zusammen und Ihre TAN-Liste, den TAN-Generator oder Ihr Handy für den TAN-Empfang dazu. Suchen Sie sich das Log-in-Feld auf der Startseite der Homepage. Bei einigen Banken müssen Sie erst auf das Log-in-Feld klicken, bevor die Maske mit den Feldern für Kontonummer und PIN aufgeht (zum Beispiel bei comdirect und ING-DiBa), bei anderen sind diese Felder direkt sichtbar (beispielsweise bei einigen Sparkassen). Tragen Sie dann Ihre Kontonummer und die von der Bank vorgegebene PIN ein.

 Achtung: Comdirect benutzt eine Zugangsnummer, die nicht identisch mit der Kontonummer ist. Daran müssen Sie sich erst gewöhnen. Notieren Sie sich das auf Ihrer Liste!

Beim ersten Log-in werden Sie aufgefordert, Ihre PIN zu ändern. Folgen Sie den Anweisungen. Die neue PIN müssen Sie zweimal eintippen. Notieren Sie sich diese sofort auf Ihrem Übersichtsblatt.

Wenn Sie auch ein Depot eröffnet haben, holen sich viele Banken nach der Änderung der PIN die Genehmigung zum außerbörslichen Handel ein. Dem können Sie zustimmen.

Jetzt sind Sie richtig drin in Ihrer virtuellen Bank. Nehmen Sie sich Zeit und schauen Sie sich um. Sehen Sie sich die einzelnen Menüpunkte an und klicken Sie alles an, was Sie interessiert. Es kann nichts passieren, denn solange Sie keine TAN eingeben, wird nichts verändert und nichts in Gang gesetzt. Wir wissen, dass dieser Satz eine enorme Beruhigungskraft hat. Daher noch einmal:

 Solange Sie keine TAN eingeben, kann nichts passieren. Sie stoßen keine Überweisung und auch keine Wertpapierorder an.

Die wichtigsten Menüpunkte für Sie sind die Konto- und Depotübersicht, die Post-Box sowie die Seite, auf der Sie Wertpapiere kaufen können. Die einzelnen Direktbanken haben ihre virtuelle Bank sehr unterschiedlich aufgebaut. Die Menüleiste befindet sich meistens horizontal im oberen Bereich, bei manchen Banken (z.B. der DKB) ist sie auch am linken Rand vertikal.

Wenn Sie Ihre Kontoübersicht gefunden und schon Geld auf Ihr neues Konto überwiesen haben, tätigen Sie doch einmal eine Testüberweisung auf Ihr Konto bei Ihrer Hausbank. Führen Sie die Überweisung wirklich aus, damit Sie sehen, wie das mit der TAN-Eingabe funktioniert.

An drei Beispielen möchten wir Ihnen zeigen, wie Sie sich zurechtfinden. Wir haben dazu die ING-DiBa, die comdirect Bank und Cortal Consors herausgegriffen. Das soll keine Empfehlung für diese Banken sein – die Auswahl müssen Sie für sich selbst treffen. Das Rüstzeug dazu haben Sie in den vorigen Kapiteln erhalten.

So sieht es bei verschiedenen Direktbanken aus

Bei der ING-DiBa gibt es beim Log-in eine Besonderheit: den DiBa-Key. Von einer sechsstelligen Nummer werden bei jedem Log-in zwei Ziffern abgefragt. Dies stellt ein weiteres Sicherheitsmerkmal dar.

Abb. 12: Log-in mit dem DiBa-Key

War Ihr Log-in erfolgreich, sehen Sie sofort die Kontostände der verschiedenen von Ihnen eröffneten Konten und Depots. Haben Sie schon Geld darauf überwiesen, sehen Sie es auf dem „Extra-Konto". So heißt bei der ING-DiBa das Tagesgeldkonto. Die Navigation ist hier vertikal in sehr übersichtlicher Form aufgebaut. Die Produkte wie Girokonto, Extra-Konto und Direkt-Depot sind klar bezeichnet. Klicken Sie eines Ihrer Produkte an, so öffnet sich darunter das Menü für die weiteren Aktionen – beim Extra-Konto beispielsweise die Überweisung auf das Referenzkonto. Die Kontoauszüge und sonstige Post finden Sie in der Post-Box. Von der Benutzerfreundlichkeit her gesehen ist die DiBa unser Favorit.

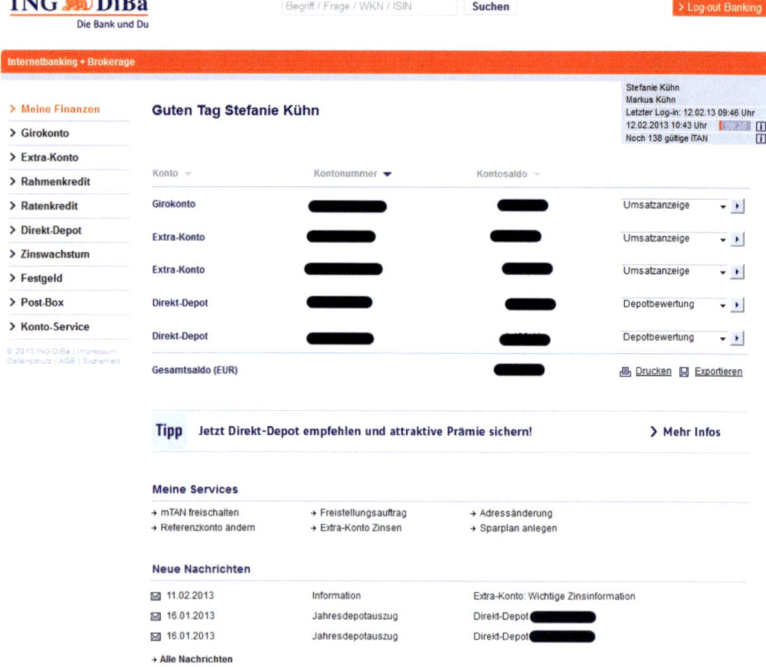

Abb. 13: Übersichtseite der ING-DiBa nach erfolgreichem Log-in

Bei der comdirect ist die Navigation horizontal angeordnet. Ursprünglich klar auf den „Trader" oder zumindest den „überdurchschnittlich aktiven Käufer und Verkäufer" eingestellt, erscheint zwar auch hier direkt die Übersicht über alle Konten, in der Navigationsleiste geht es jedoch mit dem Depot und dem Order-Reiter los. „Order" ist das Fachwort für eine Wertpapiertransaktion. Die Post liegt ebenfalls in der Post-Box und ist auch sofort in der ersten Menüebene sichtbar.

Abb. 14.: Übersichtsseite der comdirect nach erfolgreichem Log-in

Die comdirect hat den Wechsel zur Vollbank vollzogen und bietet auch ein attraktives Girokonto an. Sie ist Mitglied der Cash-Group, zu der unter anderem auch die Commerzbank, die Deutsche Bank, die Postbank und die HypoVereinsbank gehören. Daher können Sie gebührenfrei Geld an den Geldautomaten dieser Geldinstitute und an den Kassen von rund 1.300 Shell-Tankstellen abheben.

Die comdirect besitzt sehr schöne Besonderheiten wie Auswertungstools für Ihr Depot und eine sehr benutzerfreundliche

Musterdepotfunktion. Diese können Sie übrigens auch als Nicht-Kunde mit einem fiktiven Log-in nutzen.

Cortal Consors ist eine Tochter der französischen BNP Paribas und nach meiner Erfahrung weniger bekannt als DiBa und comdirect. Ursprünglich war sie ebenfalls auf die „Multi-Trader" eingestellt – in letzter Zeit wartet sie aber häufiger mit äußerst attraktiven Lockangeboten auf. Die Benutzerführung wird von unseren Mandanten und von uns jedoch als umständlicher empfunden. Nach dem Log-in kommt zwar inzwischen sofort die persönliche Übersicht, aber auf der Maske ist einfach sehr viel zu sehen. Bei Cortal Consors heißt die Post-Box „OnlineArchiv".

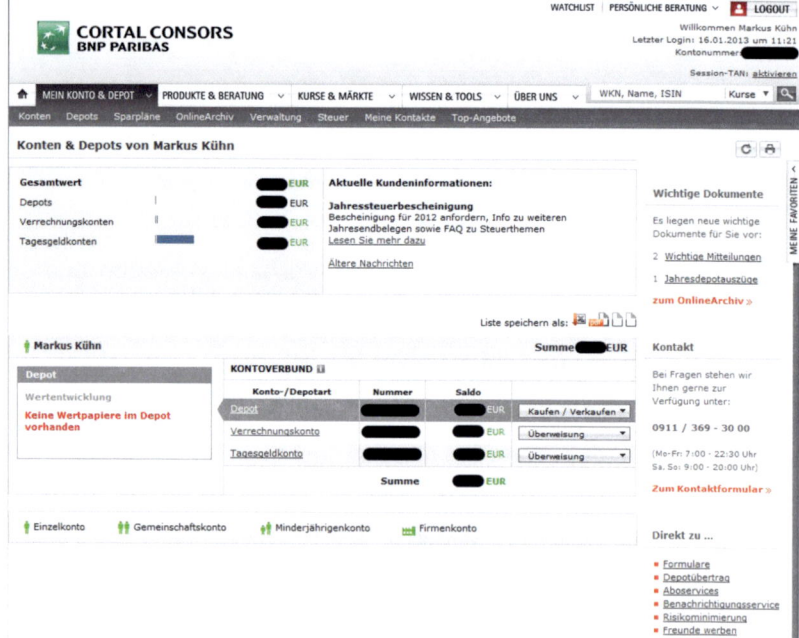

Abb. 15: Übersichtseite von Cortal Consors nach erfolgreichem Log-in

Für Wertpapiergeschäfte und Überweisungen gibt es ein Verrechnungskonto, das fast nicht verzinst wird. In der Vergangenheit hat Cortal Consors seine Kunden nicht deutlich genug darauf aufmerksam gemacht, dass es wichtig ist, zu parkendes Geld auf das Tagesgeldkonto zu überweisen statt auf das Verrechnungskonto. Inzwischen hat Cortal Consors darauf reagiert und weist jetzt zumindest Neukunden deutlicher darauf hin. Wirklich kundenfreundlich wäre es, das sogenannte Verrechnungskonto einfach abzuschaffen oder mit den gleichen Konditionen wie das Tagesgeldkonto zu versehen.

 Die Santander Direkt Bank, die für ihre schönen Festgeldangebote bekannt ist, hat eine ähnliche Falle. Wenn Sie dort eine Kontoverbindung eröffnen möchten, werden Ihnen zwei Telefonnummern angeboten, um die Kontoeröffnungsunterlagen anzufordern. Eine für ein „Geldkonto" und eine für ein „Superkonto". Beides entspricht einem Tagesgeldkonto, das als Verrechnungskonto zwingend gebraucht wird. Der Unterschied liegt bei einem halben Prozent Zinsen, den Sie verlieren, wenn Sie sich für das Geldkonto, statt für das Superkonto entscheiden. Sie haben, wenn Sie nicht vorher aufmerksam das Kleingedruckte gelesen haben, also nur eine fifty-fifty-Chance, das bessere Superkonto auszuwählen.

7. Handel mit Wertpapieren

Immer wieder konnten wir in den letzten Jahren eine interessante Beobachtung machen: Das erste Tagesgeldkonto ihres Lebens eröffnen heute viele Menschen gleich online bei einer Direktbank. Dagegen sind die meisten zögerlicher, wenn es ums Depot geht. Aber was ist unser Rat? Tatsächlich raten wir ausnahmslos jedem zum Tagesgeld online. Dagegen sind Depots und Wertpapierhandel im Internet kein solches Muss – aber für viele hoch interessant. Die Möglichkeit zur Kostenersparnis ist sehr hoch. Schauen Sie sich die Sache doch selbst einmal an.

Wir zeigen Ihnen in diesem Kapitel Schritt für Schritt, wie Sie Ihre Wertpapiere selbst kaufen und verkaufen können und wie Sie sich auf den Homepages der Banken zurechtfinden. Danach können Sie selbst entscheiden, ob auch Ihre Wertpapiere „online gehen" sollen.

Mit der WKN und dem Handelsplatz geht's los

Das Handeln mit Wertpapieren an sich ist bei allen Banken auch online sehr einfach. Sie müssen die Wertpapierkennnummer (WKN) oder die längere ISIN eingeben und werden dann durch den Kauf- oder Verkaufsvorgang geleitet. Als erstes achten Sie nach der Eingabe darauf, dass Sie nun wirklich das Wertpapier kaufen, das Sie kaufen möchten. Gleichen Sie den Namen ab – ein Zahlendreher bei der Eingabe der Wertpapierkennnummer ist schnell passiert.

Sie müssen dann entscheiden, wo die Bank Ihr Wertpapier handeln soll. Bei Aktien und Anleihen empfehlen wir Ihnen, wann immer es angezeigt wird, über den Computerhandel Xetra zu handeln. Alternativ können Sie eine der Regionalbörsen auswählen. Diese werben mit einer längeren Handelszeit als Xetra, über das nur von 9.00 bis 17.30 Uhr gehandelt wird. Wir haben in der Beratungspraxis festgestellt, dass in den Randzeiten, also vor 9.00 Uhr und nach 17.30 Uhr oft „komische" Kurse zustande kommen, da dann längst nicht soviel gehandelt wird, wie zur Kernzeit. Gerade bei vom Nutzer gesetzten Absicherungen der Kurse gegen einen Kursverfall mittels der sogenannten Stop-Loss-Limite kommt es in diesen Randzeiten oft zur Ausführung, obwohl am nächsten Tag die Kurse den abendlichen Verfall nicht widerspiegeln.

Die Regionalbörsen wie Frankfurt, Hamburg und München haben aber eine große Bedeutung, wenn es um den Einkauf von Fonds geht. Wenn Sie einen Fonds über eine Fondsgesellschaft ohne Ausgabeaufschlag bei der Direktbank einkaufen können, ist das natürlich der günstigste Weg – null Euro Kaufkosten. Wird dies nicht angeboten, sollten Sie den Fonds über eine der Regionalbörsen einkaufen, sofern der Fonds dort gehandelt wird. Inzwischen sind die gängigen gemanagten Fonds alle gut handelbar. Ihre Kaufkosten liegen statt bei beispielsweise regulären 5 Prozent Ausgabeaufschlag (bei 10.000 Euro also 500 Euro) dann bei maximal 49.90 Euro. Eine schöne Ersparnis von rund 450 Euro mit einer einzigen Geldanlage.

Die Direktbanken bieten inzwischen auch einen Direkthandel an. Damit wird die Bank direkt ihr Handelspartner. Wir persönlich bevorzuge die „offiziellen" Plattformen, die Börsen, weil wir die Kursstellung hier für transparenter halten. Da der Direkthandel jedoch oft bis 22.00 Uhr funktioniert, ist dies eine Option, wenn einmal etwas sehr schnell gehen soll.

Aufgepasst bei Stückzahl und Limit

Neben dem Handelsplatz werden Sie in der Ordermaske nach der gewünschten Stückzahl gefragt. Teilen Sie den gewünschten Anlagebetrag durch den aktuellen Kurs, dann haben Sie Ihre gewünschte Stückzahl.

Die ING-DiBa zeigt Ihnen nach der Eingabe der Stückzahl sofort daneben den ungefähren Betrag an, den der gewünschte Kauf oder Verkauf ausmachen wird. Das ist eine gute Einrichtung, denn eine Null zu viel oder zu wenig hat schon so manches Mal für Probleme gesorgt.

Zu Verwirrung führt regelmäßig das Eingabefeld „Limit". Ein Limit bezeichnet eine von Ihnen selbst bestimmte Preisgrenze, die bei Ihrem Wertpapierhandel bestehen soll. Steigt der Kurs beim Kauf über das von Ihnen gesetzte Limit, wird der Auftrag nicht mehr ausgeführt. Bei einem Verkauf bedeutet das Limit, dass nicht verkauft wird, wenn Sie nicht mindestens den vorgegebenen Preis erzielen. Kurz: Mit einem Limit können zu teure Käufe und zu billige Verkäufe verhindert werden.

Stellen Sie sich einmal vor, Sie geben nur die Information ein, dass Sie von einer bestimmten Aktie 100 Stück kaufen wollen. Geben Sie kein Limit ein, kaufen Sie „bestens". Das bedeutet, dass Sie zum nächstbesten Kurs kaufen. Dann könnte ein Verkäufer die Aktien zu einem völlig überteuerten Preis an Sie verkaufen. Denn schließlich haben Sie die Order erteilt. Setzen Sie dagegen ein Limit, können Sie solche Einkäufe verhindern. Dann wird die Order erst dann ausgeführt, sobald ein Angebot innerhalb Ihres Limits verfügbar ist.

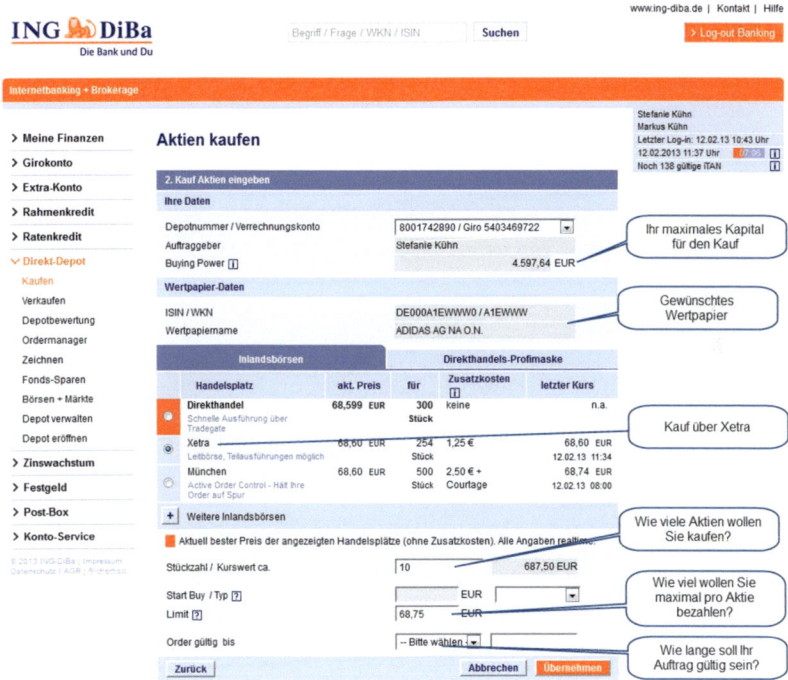

Abb. 16: Die Wertpapierkauf-Maske der ING-DiBa

Wenn Sie unbedingt an einem bestimmten Tag kaufen möchten, legen Sie das Limit immer etwas oberhalb des aktuellen Kurses fest. Dann kommen Sie mit hoher Wahrscheinlichkeit zum Zug, sofern das Wertpapier gehandelt wird. Wenn Sie jedoch erst kaufen möchten, wenn der Kurs unter eine bestimmte Marke rutscht, dann setzen Sie das Limit entsprechend tiefer als den aktuellen Kurs.

Die Banken bieten an, dass das Limit für einen bestimmten Zeitraum bestehen bleibt – zum Beispiel für den heutigen Tag, bis zum Monatsende (ultimo) oder für drei Monate. Wird die Order dann innerhalb dieser Zeit nicht ausgeführt oder ändern Sie Ihr Limit, ohne dass schließlich ein Kauf stattfindet, berechnen manche Banken eine Gebühr von 2,50 Euro. Das ist einmalig nicht viel, aber es kommt doch schnell mal einiges zusammen.

Bei einem Fondskauf über die Fondsgesellschaft benötigen Sie übrigens kein Limit, hier erfolgt die Ausführung immer zum Mittagskurs. Je nachdem, um wieviel Uhr Sie die Order eingegeben haben, also am gleichen Tag oder am Tag darauf. Die so genannte Cut-off-Time, also die Zeit bis zu der Ihr Auftrag noch am gleichen Tag verarbeitet wird, ist jedoch von Fondsgesellschaft zu Fondsgesellschaft unterschiedlich.

Der Verkauf funktioniert genauso wie der Kauf. Nur können Sie dabei direkt aus Ihrer Depotübersicht den Verkauf anstoßen. Die Stückzahl ist mit der vorhandenen Stückzahl in Ihrem Depot oft schon voreingestellt. Sie können sie aber natürlich verringern.

Das Limit ist auch beim Verkauf unverzichtbar, damit Sie auch mindestens den Preis erzielen, den Sie erzielen möchten.

Bevor Sie Ihre Order absenden, müssen Sie – Sie denken es sich schon – eine TAN eingeben. Davor sollten Sie alles noch einmal gründlich überprüfen.

Sparpläne - bequem und effektiv

Auch die Einrichtung von Sparplänen funktioniert einfach. Mit Fondssparplänen können Sie regelmäßig (monatlich oder quartalsweise) für eine festgelegte Summe Anteile eines oder mehrerer Investmentfonds erwerben, ohne dass Sie sich jeden Monat hinsetzen und von Hand eine Order aufgeben müssen. Sie können die Sparpläne meist auch zeitlich befristen, wenn Sie das möchten.

Wo der Menüpunkt für die Einrichtung der Sparpläne versteckt ist, ist jedoch unterschiedlich. Nehmen Sie sich Zeit zum Suchen. Bei Cortal Consors finden Sie beispielsweise gleich in der Menüübersicht unter "Mein Konto & Depot" den Unterpunkt „Sparpläne".

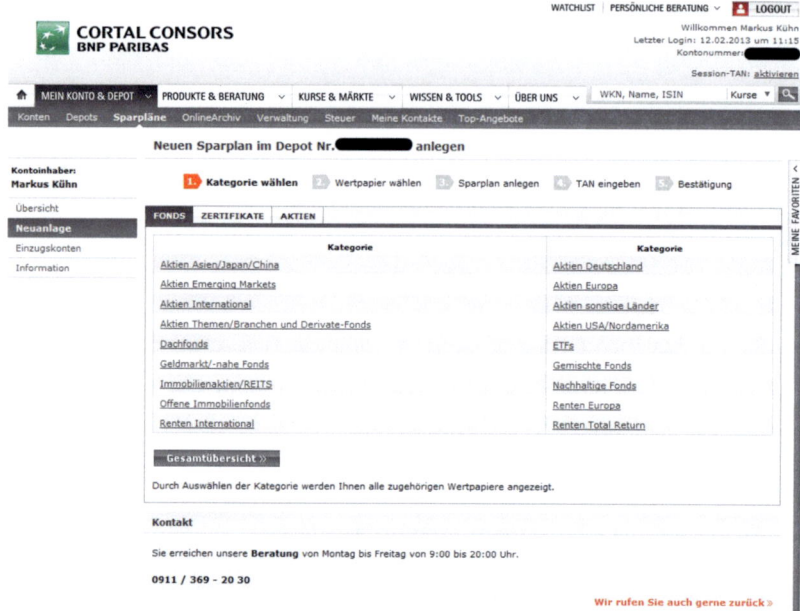

Abb. 17: Einen Sparplan bei Cortal Consors einrichten

Auch hier geben Sie dann die Wertpapierkennnummer ein oder wählen aus einer Liste der sparplanfähigen Fonds Ihren Favoriten aus. Anschließend wird das Sparintervall sowie die Sparplanhöhe abgefragt. Sie müssen sich für ein Datum – meist entweder der erste oder der fünfzehnte des Monats - entschließen und das Konto auswählen, von dem abgebucht werden soll.

Bei manchen Direktbanken können Sie noch ein Enddatum des Sparplans optional eingeben oder eine Dynamik vereinbaren.

Wichtig zu wissen ist, dass Sie bei Sparplänen immer flexibel bleiben. Bis kurz vor Ausführung können Sie den Auftrag monatlich stoppen, aussetzen oder den Betrag verändern.

 Natürlich achtet der kühne Leser auch bei Sparplänen auf die Kosten und bevorzugt Fonds ohne oder mit geringem Ausgabeaufschlag.

Das online geführte Depot bei einer Direktbank spart Ihnen je nach Vermögenshöhe leicht einen Urlaub im Jahr. Allein die Depotgebühren und ein Fondskauf über 20.000 Euro bedeuten oft über 1.000 Euro Ersparnis gegenüber dem Einkauf über die Hausbank.

Und wenn Sie bei Ihrem 100 Euro-Sparplan „nur" 5 Euro pro Monat einsparen – trinken Sie nicht auch lieber einen schönen Cappucino als dass Sie Gebühren zahlen?

Anleihen online kaufen

Auch der Kauf von Anleihen beginnt mit der Eingabe der Wertpapierkennnummer (WKN) oder der Internationalen Wertpapier-Identifikationsnummer (ISIN).

 Wenn Sie die ISIN/WKN Ihrer Anleihe nicht kennen oder noch nicht genau wissen, welches Wertpapier Sie kaufen wollen, können Sie auf Finanzseiten im Internet nach den für Sie passenden festverzinslichen Wertpapieren suchen. Zum Beispiel bieten www.onvista.de, www.baadermarkets.de oder www.boerse-stuttgart.de gute Hilfsmittel wie Anleihen- oder Bondfinder an. Hier können Sie unter anderem den gewünschten Sitz des Emittenten, also des Anleihenschuldners, die Währung der Anleihe sowie die gewünschte Restlaufzeit eingeben und erhalten Wertpapiere angezeigt, die diese Kriterien erfüllen. Aus diesem Angebot können Sie sich Ihre Anleihe dann heraussuchen oder nach weiteren Kriterien filtern. Notieren Sie sich dann die WKN oder ISIN für Ihren Anleihenkauf bei Ihrer Direktbank.

Anleihen haben einen Nominal- oder Nennwert. Dies ist der Wert, der am Laufzeitende an den Anleger zurückgezahlt wird. Er beträgt grundsätzlich 100 Prozent. Da Anleihen während der Laufzeit im Kurs schwanken können, kann der Kurswert zum Zeitpunkt Ihres Kaufs über oder unter dem Nominalwert liegen. In Abbildung 16 sehen Sie die Ordermaske der DAB Bank. Wir haben die WKN einer polnischen Zloty-Anleihe mit einer Laufzeit bis 2017 eingegeben. Der Briefkurs, also der Kurs zu dem die Anleihe zum Zeitpunkt unserer Eingabe gehandelt wurde, lag bei 105,235 Prozent. Das bedeutet, dass wir einen Kursverlust erzielen, wenn wir die Anleihe bis zum Laufzeitende halten. Denn sie wird ja nur zu 100 Prozent zurückgezahlt. Die erzielbare Rendite der Anleihe ist aber mit 3,56% positiv, da jährliche Zinsen von 4,55 Prozent gezahlt werden und dies bei der Berechnung der aktuellen Rendite berücksichtigt wird.

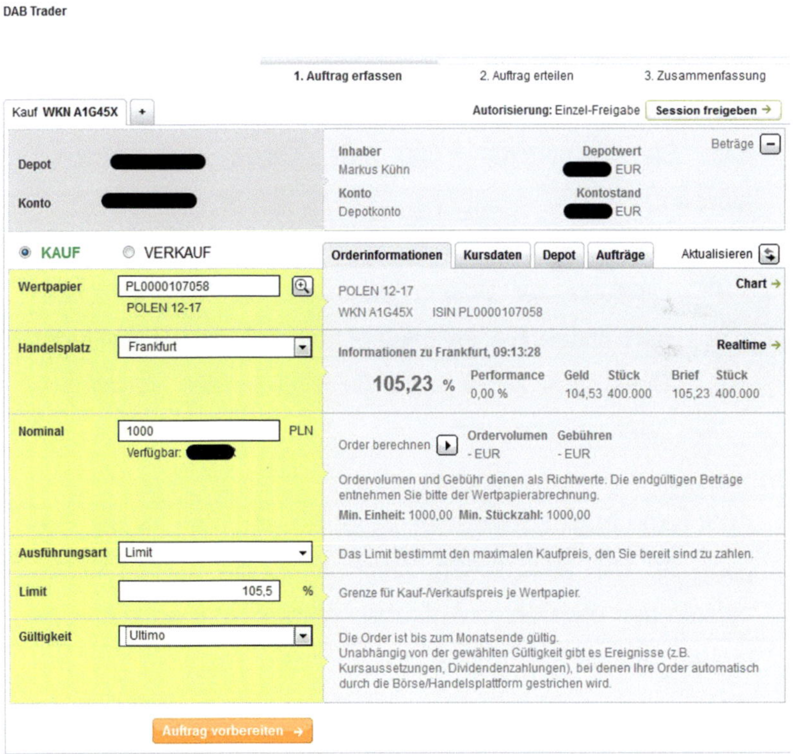

Abb. 18: Anleihenkauf bei der DAB-Bank

Bei der Eingabe der gewünschten Menge (Nominal) müssen Sie den Kurswert berücksichtigen. Denn Sie müssen beim Kauf angeben, welche Anlagesumme Sie zum Nominalwert, also zum endfälligen Wert von 100 Prozent kaufen wollen. Bezahlen müssen Sie dafür aber den aktuellen Kurswert mal der Anlagesumme. Kaufen Sie also nominal 1.000 Euro bei einem Kurs von 105 Prozent, müssen Sie dafür – ohne Kosten und Gebühren – 1.050 Euro zahlen.

Ist die Anleihe nicht in Euro notiert, müssen Sie den Nominalbetrag gegebenenfalls noch in Euro umrechnen. In unserem Beispiel ist die Anleihe in polnischen Zloty (PLN) notiert. Der Wechselkurs PLN zu EUR stand bei 0,23863. Das bedeutet, dass Sie für nominal 1.000 PLN 238,36 Euro bezahlen müssen.

 Hilfstools zur Währungsumrechnung (Währungsrechner) finden Sie im Internet und auf den Seiten Ihrer Direktbank. Meist reicht die Eingabe des Suchwortes „Währungsrechner".

Aber keine Angst. Spätestens bevor Sie den Kauf mit der Eingabe der TAN abschließen, zeigen Ihnen die meisten Direktbanken den ungefähren Auftragsgegenwert in Euro noch einmal an. Sollten Sie sich bei der Stückzahl (Nominal) oder der Währungsumrechnung grob verrechnet haben, dürfte Ihnen das spätestens jetzt auffallen. Denn bevor Sie den Auftrag mit Eingabe der TAN abschließen, kontrollieren Sie ja immer noch einmal die angezeigten Auftragsdaten.

Musterdepots führen

Alle Direktbanken bieten Ihnen die Möglichkeit, Musterdepots zu führen und Sie müssen dazu noch nicht einmal Kunde der Bank sein. In einem Musterdepot können Sie alle börsennotierten Wertpapiere, die Sie bei verschiedenen Banken besitzen, zusammenfassen und überwachen. Oder Sie legen sich eine sogenannte Watchlist an, um Aktien, die Sie interessieren, erst einmal eine Weile zu verfolgen, ohne sie tatsächlich kaufen zu müssen.

Sie können bei Musterdepots auch Limitalarme eingeben. Damit entgehen Ihnen keine Kursrückgänge Ihrer Wertpapiere. Sie können beispielsweise für jedes Wertpapier das Limit auf zehn Prozent unterhalb Ihres Kaufkurses oder des aktuellen Kurses setzen. Rutscht der Kurs unter dieses Limit, erhalten Sie eine E-Mail, die Sie darüber informiert. Sie können dann überlegen, ob Sie handeln müssen, indem Sie das Papier verkaufen, bevor es weiter abwärts geht oder kaufen, wenn es einen für Sie interessanten Kaufkurs erreicht hat.

Mit einem Musterdepot können Sie bequem eine Zeit lang den Umgang mit Wertpapieren üben. Kaufen Sie virtuell ein Wertpapier, das Sie für aussichtsreich halten und schauen Sie, wie es sich entwickelt. Verkaufen Sie virtuell die Wertpapiere, denen Sie keine Wertsteigerungen mehr zutrauen. So entwickeln Sie spielerisch ein Gefühl für Wertpapierkurse und das Börsengeschehen.

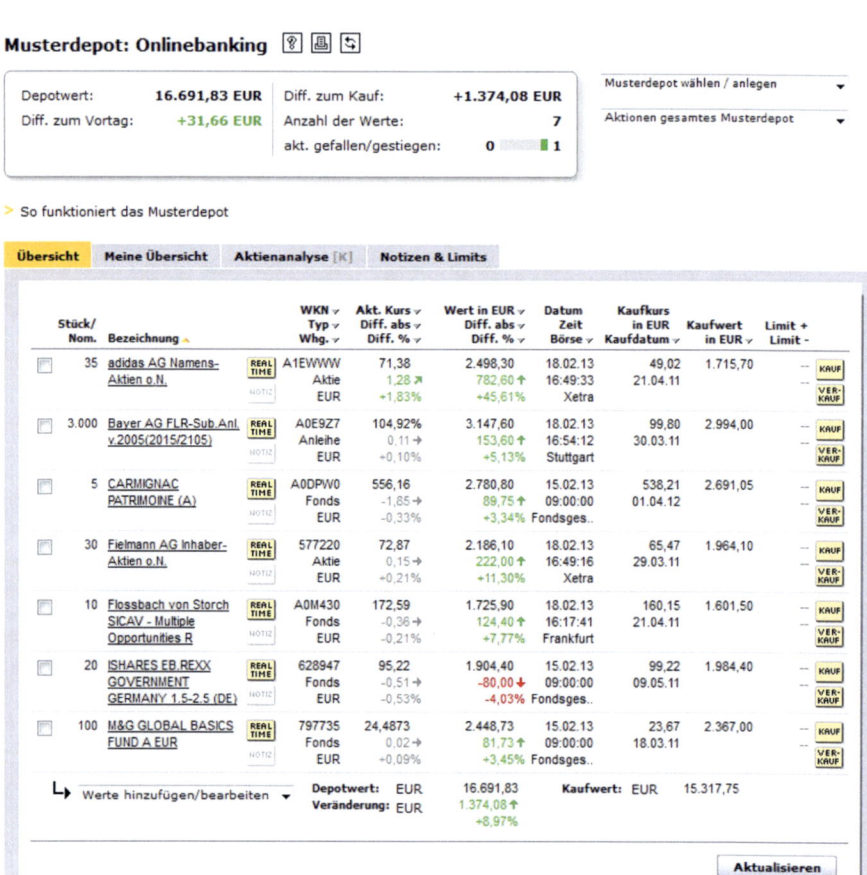

Abb. 19: Das Musterdepot der comdirect

Die Abbildung 19 zeigt ein Musterdepot, das fiktiv bei der comdirect angelegt wurde. Sie sehen auf einen Blick den aktuellen Depotwert und wie sich dieses Depot im Vergleich zum Vortag entwickelt hat. Bei der Anlage des Musterdepots können Sie den Kaufkurs zum Kaufdatum Ihres (fiktiven) Wertpapierkaufs eingeben.

Dann sehen Sie für jedes Wertpapier in der fünften Spalte, wie es sich seitdem entwickelt hat (Wert in EUR/Diff. abs./Diff. %).

Über den Reiter „Notizen & Limits" können Sie sich Anmerkungen zu jedem Papier machen, Kauf- und Verkaufslimits eingeben und sich per E-Mail benachrichtigen lassen, wenn ein Limit über- oder unterschritten wurde. Bei aktienbasierten Werten hat sich ein Limit von –10% unterhalb des aktuellen Kurses als Warnlimit bewährt, bei rentenbasierten Anlagen ein Limit von –5% oder die Höhe des Nennwertes (100%). Wenn die Kurse gestiegen sind, muss man die Limite (leider von Hand) anpassen, da es beim Musterdepot (noch) keine sogenannten Trailing-Stops gibt. Dazu rechnen Sie vom neuen (höheren) Kurs das Limit aus und ersetzen das alte. Sind die Kurse von einem zum anderen Beobachtungsstichtag gesunken, bleiben die Limite unverändert. Das Limit wird bei dem comdirect Musterdepot in das untere der beiden Kästchen eingetragen. Das obere Kästchen ist für das Limit "nach oben". Hier würden Sie benachrichtigt, wenn ein bestimmter Kurs überschritten wird. Dies macht zum Beispiel Sinn, wenn Sie einen Wert verkaufen möchten, aber einen Aufschwung noch mitnehmen möchten.

Mit dem Reiter „Meine Übersicht" können Sie unter anderem neue Spalten mit frei wählbaren Kennzahlen hinzufügen.

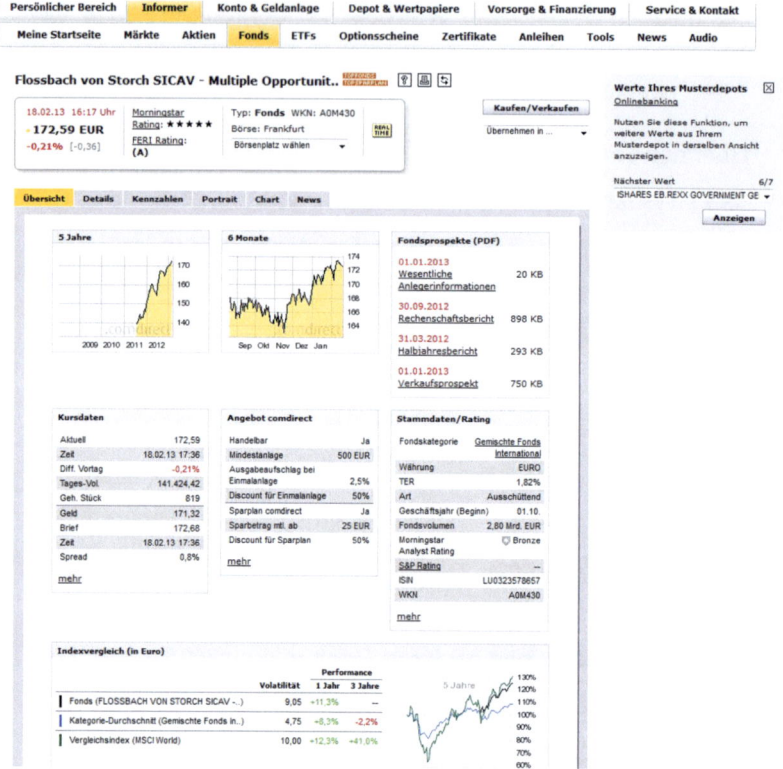

Abb. 20: Der Informer der comdirect

Wenn Sie einen Wert Ihres Musterdepots anklicken, gelangen Sie direkt zu der Übersichtsseite dieses Einzelwertes, wo Sie dann ausführlichere Informationen finden (Abb. 20).

Wir arbeiten gern mit dem Musterdepot der comdirect. Bei anderen Direktbanken funktioniert das Musterdepot ähnlich, so dass Sie sich selbstverständlich auch dort ein Musterdepot anlegen können. Hier entscheidet vor allem Ihr persönlicher Geschmack.

Werden Sie Bank

In Zeiten magerer Zinsen muss man noch weiter denken, um gute Angebote zu finden. Eine Möglichkeit, um feste Zinseinnahmen zu generieren, finden Sie, indem Sie selbst derjenige sind, der anderen Geld leiht. Natürlich können Sie das ganz privat bei Verwandten, Bekannten und Freunden machen. Dabei möchten wir nur anmerken, dass es sauberer Verträge mit Zinshöhe und Rückzahlungsmodus bedarf, damit es zu keinem Streit kommt. Sicherlich kennen Sie den Spruch „bei Geld hört die Freundschaft auf".

Anonymer geht dies über sogenannte Kreditbörsen. Als Beispiel möchten wir hier die Plattform Smava (www.smava.de) anführen. Sie eröffnen als „Geldverleiher" ein Konto bei Smava, die mit der der Fidor-Bank zusammenarbeitet. Die Fidor-Bank ist eine reine Onlinebank mit dem Untertitel "Banking mit Freunden". Die Fidor-Bank an sich möchten wir hier nicht bewerten, bei Smava muss sie als Abrechnungsbank in Kauf genommen werden, die Konditionen für das geparkte Geld waren in der Vergangenheit auch nicht so schlecht.

Auf der Homepage von Smava können Sie sich ansehen, wer so alles für was Geld benötigt. Manche beschreiben ihr Anliegen ausführlich und sehr freundlich, andere schaffen es kaum, einen Satz zu schreiben. Das hat dann so eher das Motto „Geld her". Trotzdem scheinen die allermeisten ihr Geld zu bekommen. Hilfreich für mich als Kreditgeber ist die Info der Bonitätseinstufung laut Schufa (A ist top, H das schlechteste).

Außerdem wird eine weitere Kennzahl, der KD-Faktor vorgestellt. Das ist die Quote des Einkommens, die der Kreditsuchende pro Monat zur Tilgung seiner Verpflichtungen benötigt. Je höher, umso kritischer wird es, sobald eine kleine Unpässlichkeit vorkommt. Diese Informationen werden von Smava geprüft und nicht alle dürfen ihr Kreditanliegen den Geldgebern vorstellen.

Doch was passiert, wenn Sie einen Kredit geben und die Person zahlt nicht mehr zurück? Gerät der Kreditnehmer in Verzug oder fällt ganz aus, profitieren Sie von einer Pool-Lösung. Dafür zahlen Sie von jeder Rückzahlung eine Gebühr in einen Topf, der dann für diese Fälle zur Verfügung steht.

Ihre Suche nach einem geeigneten Projekt, dem Sie Geld leihen wollen, können Sie sich erleichtern, indem Sie bestimmte Kriterien festlegen. Sie erhalten dann Angebote per Mail. Bei guten Angeboten müssen Sie sehr schnell sein, daher empfiehlt es sich, auch den automatischen "Gebotsabgabeassistenten" zu nutzen, der nach bestimmten von Ihnen festgelegten Kriterien für Sie ein Angebot abgibt.

Wir haben selbst einige Erfahrung mit Smava gemacht. Unser erstes Investment war ein Darlehen von 250 Euro für einen Musiker, der sich ein Instrument kaufen wollte. Stefanie dachte daran, dass Markus als Schüler auch nie Geld für seine E-Gitarre hatte und sich von Ferienjob zu Ferienjob gehangelt hat, um seine Darlehen zurückzuzahlen. Uns war bewusst, dass wir den Darlehensnehmer dabei unterstützten, gegen die

Kühnsche Regel Nr. 11 „Machen Sie niemals Konsumschulden" zu verstoßen. Wenn aber jemand nun ernsthaft übt und dazu ein Instrument oder ein zusätzliches Gerät benötigt, dann kann ein Jahr warten der Kunst erheblichen Abbruch tun. Und nicht jeder hat Eltern, die Musikinstrument-Spielen unterstützen, da muss man dann vielleicht auch einmal andere Wege gehen.

Warnen möchten wir Sie jedoch noch davor: Beachten Sie, dass ein erhöhtes Risiko auch immer einen erhöhten Zins braucht, damit es angemessen vergütet ist. In manchen Phasen sind auch bei den Smava-Angeboten keine dem Risiko entsprechende Renditen zu erzielen – dann beobachten Sie die Angebote einfach weiter.

8. Onlinebanking im Alltag – So viel Zeit muss sein

Damit Sie von den Vorteilen Ihrer neuen Direktbank auch voll profitieren, müssen Sie eines tun: Sie nutzen. Manche Menschen eröffnen Direktbankkonten, verzweifeln beim ersten Log-in und führen dann über Jahre ein Null-Euro-Konto. So soll es Ihnen nicht ergehen und Sie sind ja bereits auf dem besten Weg zum Direktbank-Profi.

Am Anfang ist es gut, wenn Sie Onlinebanking wie eine neue Sportart betrachten. Sie nehmen sich Zeit für Übungsstunden und loggen sich regelmäßig ein. Überprüfen Sie Ihre Kontostände und Ihre Wertpapierkäufe. Drucken Sie Ihre Post aus der Post-Box aus. Vielleicht führen Sie sogar ein Musterdepot für Ihre börsennotierten Anlagen.

Ordnung muss sein

Für die Ordnung in den finanziellen Unterlagen sollten Sie sich einen Ordner anlegen. Den werden Sie brauchen.

Denn Sie werden neben den Unterlagen aus Ihrer virtuellen Post-Box auch regelmäßig Post von der Bank auf dem traditionellen Weg erhalten. Was nach Werbung aussieht, können Sie übrigens wegwerfen. Ein neuer Trick der Banken ist dabei, in den Brief nicht nur Ihren Namen zu drucken, sondern den momentanen Kontostand mitzuteilen. Dadurch fühlt man sich angesprochen und denkt im ersten Moment überhaupt nicht an Werbung. Wenn Sie unsicher sind, sammeln Sie in einer Klarsichthülle alles, von dem Sie nicht genau wissen, ob Sie es noch einmal brauchen. Ordentlich sortiert ablegen sollten Sie Kontoauszüge sowie Kauf- und Verkaufsbelege sowie Jahres- und Steuerbescheinigungen. Kurz: Heben Sie einfach alles auf, was offiziell aussieht und keine Werbung ist.

Unterteilen Sie Ihren Ordner nach den verschiedenen Anlagen, die Sie bei der Direktbank tätigen: Festgeldunterlagen zu Festgeld, Tagesgeldkontounterlagen zu Tagesgeld und so weiter. Für die Antragsunterlagen und Schriftverkehr können Sie einen Reiter einrichten.

Ihr monatlicher Konto- und Depot-Check

Wenn Sie das Gefühl haben, schon fit zu sein, gewöhnen Sie sich an, einmal monatlich in Ihr Konto zu schauen, auch wenn Sie keinen aktuellen Bedarf haben. Denn nur so gehen Sie sicher, dass die Sparpläne ausgeführt werden, wie sie sollen, und kein Konto durch eine Kontoführungsgebühr ins Minus rutscht und Sie plötzlich Soll-Zinsen zahlen müssen.

Typische Handlungsfelder beim monatlichen Check sind Überweisungen auf das jeweils am besten verzinste Tagesgeldkonto – denken Sie noch einmal zurück an das Beispiel von Cortal Consors. Wenn die inzwischen aufgelaufenen Summen größer sind und Sie diese für einige Zeit nicht benötigen, können Sie eine längerfristige Anlage wählen. Vielleicht eignet sich ein Festgeld- oder ein Aktienfonds für Sie. Auf dem Tagesgeld sollte grundsätzlich nur die sogenannte Notfallreserve liegen.

In kritischen Börsenzeiten stellt das Tagesgeldkonto natürlich auch eine hervorragende Parkposition dar.

Doch nicht nur bei der Direktbank gibt es Handlungsbedarf. Nutzen Sie den monatlichen Check Ihrer Konten auch für die Überprüfung, ob vielleicht auf dem Girokonto zu viel oder zu wenig Geld ist. Ein Minus auf dem Girokonto ist durch die hohen Soll-Zinsen der größte Renditekiller. Ist auf dem Girokonto zu viel Geld, kann etwas auf das Direktbank-Tagesgeld überwiesen werden. Von da aus sehen Sie dann weiter – je nach Ihren Zielen.

Jahresbilanz: Ist Ihre Bank noch die richtige für Sie?

Überprüfen Sie einmal jährlich, ob die Konditionen Ihrer Direktbank noch so sind, wie zu dem Zeitpunkt, als Sie sich für diese Bank entschieden haben.

Wenn Sie feststellen, dass andere Direktbanken weitaus bessere Konditionen bieten, scheuen Sie nicht vor einem Wechsel zurück. Sie wissen ja jetzt, wie es geht.

Manchmal ändert sich auch der Bedarf. Möglicherweise haben Sie bisher auf gute Zinsangebote geachtet und die Gebühren beim Kauf- und Verkauf von Wertpapieren haben eher eine Nebenrolle gespielt. Wenn Sie sich aber inzwischen zum Hobby-Trader entwickelt haben, ist es an der Zeit, ein speziell für Viel-Trader günstiges Konto auszuwählen.

Sie merken schon: So schnell das Internet gewachsen ist, so rasch ändern sich auch die Bankenwelt und Ihre Bedürfnisse. Vielleicht überlegen Sie jetzt, ob Sie die „alte" Direktbankverbindung aufrechterhalten oder kündigen sollen. Nach unserer Erfahrung sind zwei Direktbankverbindungen in vielen Fällen sowieso angebracht, damit Sie auf die jeweils besten Produkte zurückgreifen können. Auf der anderen Seite gibt es immer wieder gute Lockangebote, die jedoch sehr oft nur für Neukunden gelten. Wenn Sie feststellen, dass Ihre Bank dauerhaft in die untere Liga bei Tagesgeldkonditionen & Co. abgerutscht ist, ist ein Ausstieg ratsam.

Sie sorgen für Diskussionen – Lockangebote

Eigentlich sagt das Wort schon alles: Mit den Angeboten sollen Sie gelockt werden. Gelockt in eine neue Bankverbindung – mit der Hoffnung, dass Sie, wenn Sie schon einmal da sind, nicht so schnell wieder gehen. Denn der Mensch ist ja häufig bequem.

Aus diesem Grund bieten die Direktbanken ständig eine Fülle von unterschiedlichen Lockangeboten. Beliebte Angebote sind die Garantie für einen sehr hohen Zinssatz im Tages- oder Festgeldbereich. Das ist der Lock-Teil. Die Fußangel ist die zeitliche Befristung – der Zins gilt nur für einige Monate – und die Begrenzung der Höhe – der gute Zins gilt nur bis zu einer bestimmten Anlagesumme.

Das Kleingedruckte bei allen Angeboten für Neukunden müssen Sie also zwingend lesen, denn erst dann offenbart sich, ob sich der Aufwand einer Kontoeröffnung und Anlage lohnt. Wenn Sie Ihre erste Direktbank suchen, spielen Lockangebote nur eine untergeordnete Rolle – schließlich brauchen Sie ja überhaupt erst einmal eine Bank. Da haben die Lockangebote eher einen „Mitnahmecharakter".

Ein Beispiel für ein typisches Lockangebot, das wirklich sehr verlockend ist:

Angenommen, Sie planen eine 10.000-Euro-Anlage für die Notfallreserve und ein Festgeld in Höhe von 15.000 Euro. Sie haben schon eine Direktbankverbindung bei einer Bank. Das Lockangebot einer anderen Direktbank bietet für Neu- und Bestandskunden einen Zinssatz von 3,5 Prozent auf maximal 25.000 Euro für ein Jahr im Tagesgeld an, wenn ein Depot in

Höhe von 6.000 Euro zu dieser Direktbank hin übertragen wird. Neukunden dürfen auch Wertpapiere neu anlegen, müssen also keine Umschichtung von einem bestehenden Depot bei einer anderen Bank vornehmen. Der Bestandskunde muss das Depot in diesem Wert für zwölf Monate halten und darf nicht unter die 6.000 Euro rutschen. Der Zinsunterschied zwischen dem Lockangebot und marktüblichen Direktbankkonditionen stellt sich folgendermaßen dar:

	„normale" Konditionen einer Direktbank	Lockangebot
Tagesgeld	1,80%	3,50%
Anlagesumme	10.000,00 €	25.000,00 €
Zinsen p.a.	180,00 €	875,00 €
Festgeld 1 Jahr	2,20%	
Anlagesumme	15.000,00 €	
Zinsen p.a.	330,00 €	
Zinsen gesamt	510,00 €	875,00 €
Zinsunterschied vor Steuern		**365,00 €**

Abbildung 21: Zinsunterschied-Berechnung

Die Frage, die Sie jetzt für sich beantworten müssen, ist, ob ein Zinsmehrertrag vor Steuern von 365,00 Euro den Aufwand einer zweiten Kontoverbindung rechtfertigt.

Der Aufwand, den Sie haben, ist folgender: Sie müssen ein weiteres Formular für die Kontoeröffnung ausfüllen, das Post-ID-Verfahren durchlaufen, Unterlagen von zwei Banken verwalten und ggf. nach dem einen Jahr mit den guten Konditionen die Bankverbindung per Brief wieder kündigen.

Wenn Sie an dieser Stelle sagen würden: „Prima, für 365 Euro mache ich das!", möchten wir bitte noch einmal Ihre Aufmerksamkeit auf das Wort „Lockangebot" lenken. Die Fußangel ist das Depot. Wenn Sie jetzt sagen: „Fein, ich habe da sowieso noch ein kleines Depot bei der Bank XYZ, das übertrage ich dann", stellt diese Bedingung kein Problem für Sie dar. Haben Sie aber schlicht kein weiteres Geld für ein Depot, ist das vielleicht der Punkt, an dem Sie ein solches Angebot zur Seite legen sollten.

Die „Belohnung" von Depotüberträgen ist ebenfalls in Mode gekommen. Mal gibt es einen kleinen Goldbarren und mal gute Zinsen. Für Bestandskunden gibt es oft grundsätzlich keine „Lockkonditionen". Aus Schilderungen von Mandanten ist uns aber bekannt, dass Banken bei „Androhung von Wegzug" die günstigeren Konditionen oft auch Bestandskunden anbieten. Ob das die „feine englische Art" ist, entscheide jeder selbst.

Ein Wort zum Schluss dieses Kapitels zu der Angabe „X Prozent p.a.". Nehmen Sie an, ein Lockangebot gewährt fünf Prozent p.a. und die Gültigkeit des Zinssatzes beträgt ein halbes Jahr. Beachten Sie, dass Sie dann nur 2,5 Prozent Zinsen bekommen, denn fünf Prozent sind der Zinssatz pro Jahr (p.a.). Uns ist in unserer Beratungspraxis aufgefallen, dass das immer wieder für Verwirrung sorgt. Die Banken geben dies aber alles ganz korrekt an – wir wollten hier nur einmal mit diesem Verständnisproblem aufräumen. Um die Zinskonditionen vergleichen zu können, ist die Angabe „p.a." durchaus sinnvoll.

9. Wenn nichts mehr geht –
Ihr Notfallpaket

Irgendwann wird es wahrscheinlich auch bei Ihnen so sein: Sie möchten Ihre Bankgeschäfte erledigen, versuchen sich einzuloggen und nichts geht mehr. Vielleicht baut sich die Seite gar nicht mehr auf oder der Bildschirm ruft Ihnen „Ihre Login-Daten sind nicht korrekt" zu.

Das oberste Gebot in diesem Moment lautet immer: Ruhe bewahren! Ihr Geld ist deswegen nicht weg. Wir möchten an dieser Stelle mit Ihnen durchspielen, was passieren kann.

Kein Anschluss unter dieser Nummer

Es kann eines schönen Tages sein, dass Sie ins Internet möchten, Ihren Browser aufrufen, die Adresse www.xyz-bank.de eingeben – und nichts passiert. Sie bekommen keine Verbindung zum Internet. Hierzu fällt uns immer folgende kleine Geschichte ein:

Stefanies Mutter hatte nach ihrem Umzug einen neuen Laptop und einen DSL-Anschluss bekommen. Sie war zwar seit Jahren im Internet unterwegs – auch mit ersten Direktbankkontakten. Eines Tages ereilte uns aber ein verzweifelter Anruf, sie käme nicht ins Internet. Stefanie fragte sie, ob sie den Laptop von A nach B transportiert habe und vielleicht nicht alle Kabel richtig angeschlossen seien. Sie verneinte entrüstet – ein bisschen nach dem Motto „Ich bin zwar älter, aber nicht blöd".

Stefanie beließ es zunächst dabei und wir versuchten dies und das. Dann forderten wir sie noch einmal auf, den Internetstecker fest in die Buchse zu drücken. Vom anderen Ende der Leitung kam ein erstauntes „Ach, der saß ja gar nicht richtig". Zack – Internet wieder da! Wir haben dann rekapituliert, was Stefanies Mutter gemacht hatte, und es kam heraus, dass sie den Laptop immer wenige Zentimeter verrückte, wenn sie an ihrem Schreibtisch etwas anderes tun wollte.

Oftmals ist es nur ein Kabel – denken Sie immer an diese Geschichte und rütteln und schütteln Sie Ihre Kabel zunächst einmal durch. Unsere Prognose: Wenn Sie wirklich „nichts gemacht" haben, dann sind 80 Prozent aller Fehler jetzt behoben. Wenn Sie allerdings etwas „gemacht" haben, denken Sie an folgendes Beispiel von Stefanie Kühn:

Ihr Bruder - ein Wirtschaftsinformatiker - pflegt bei verzweifelten Anrufen ihrerseits am Telefon als Erstes zu sagen: „Was hast du gemacht, Steffi?" Sie antwortet: „Nichts." Darauf kommt sein Standard-Spruch: „Das sagen sie immer alle." Als nächstes wird sie detailliert ausgefragt und meistens hat sie irgendetwas installiert oder eine Datei verschoben, was dann zu den Problemen geführt hat. Was uns immer wieder verblüfft, ist, dass die „Fernheilung" des PCs oft in wenigen Minuten erledigt ist, wenn der Bruder nur am anderen Ende der Leitung ist.

Vielleicht spielt das Charisma doch eine Rolle …

Lasst mich rein!

Wenn Sie Verbindung zum Internet haben und mit Ihren Log-in-Daten versuchen, die virtuelle Bank zu betreten, kann es passieren, dass Sie nicht reinkommen. Das kann zwei Gründe haben.

Möglicherweise haben Sie sich an irgendeiner Stelle vertippt. Bevor Sie hektisch noch einmal alles eingeben, vergleichen Sie zunächst die sichtbare Konto- oder Zugangsnummer. Wenn dort schon ein Zahlendreher zu finden ist, geben Sie alles langsam und genau noch einmal ein. Wenn Sie an der Stelle alles richtig eingegeben haben, zählen Sie die Zeichen der PIN. Vielleicht haben Sie eine Stelle zu wenig eingegeben. Tippen Sie alles noch einmal genau ein. Prüfen Sie auch, ob Sie versehentlich die Feststelltaste - die Taste, mit der Sie dauerhaft von Klein- zu Großschreibung wechseln können - aktiviert haben. Glückt das Log-in dann immer noch nicht, haben Sie oft einen dritten Versuch. Manchmal wird aber auch schon nach dem zweiten Versuch Ihr Konto gesperrt. Und ja, das ist ärgerlich, aber es dient Ihrer Sicherheit. So kann keiner unbegrenzt probieren, bis er das richtige Kennwort herausgefunden hat.

Die Hauptgründe für eine Zwangssperre sind eine fehlerhafte Eingabe durch zu schnelles Eintippen oder Eingabe einer falschen PIN, weil man sich diese irgendwo notiert hat und später seine eigene Schrift nicht lesen konnte. Rufen Sie im Falle einer Kontosperrung die Hotline Ihrer Direktbank an und lassen Sie Ihr Konto entsperren. Dazu müssen Sie Ihr Telebanking-Pinwort bereithalten, sofern Ihre Bank Ihnen ein solches mitgeteilt hat. Auf Ihrem zweigeteilten Blatt mit den Infos zu Ihrer Bankverbindung haben Sie diese Daten alle bereit. Sie können also ganz in Ruhe anrufen.

Manchmal kommt es jedoch auch vor, dass Sie die PIN nicht mehr rekonstruieren können. Vielleicht ist Ihnen Ihr Kaffee über das Blatt gelaufen. Die Zugangsnummer finden Sie ja noch in Ihrem Ordner, aber die PIN ist dann im wahrsten Sinne des Wortes davongeschwemmt worden. In diesem Fall müssen Sie neue Zugangsdaten beantragen. Rufen Sie bei Ihrer Bank an und fordern Sie die Daten an. Das ist auch der Weg, den Sie gehen müssen, wenn Sie Ihre PIN so gut versteckt haben, dass Sie sie nicht mehr finden – so wie es uns damals ging.

Der zweite Grund, warum ein Log-in manchmal nicht möglich ist, sind Wartungsarbeiten der Bank. Diese werden gewöhnlich vorher auf der Homepage angekündigt. Es kann jedoch auch schon einmal zu technischen Problemen kommen, sodass Sie sich schlicht nicht einloggen können. Das müssen Sie dann einfach so hinnehmen. Auch Ihre Hausbank hat Schließzeiten und die sind weitaus häufiger als die Schließzeiten der Online-Bank.

Einen Sonderfall möchten wir an dieser Stelle noch schildern. Uns ist aufgefallen, dass sich immer dann, wenn es an der Börse crasht, die Seiten der von uns genutzten Online-Banken nur sehr langsam aufbauen. In der Vergangenheit kam es auch schon aufgrund einer so verstärkten Handlungstätigkeit zu Problemen bei der Abwicklung. In diesen Fällen war das Recht bislang auf Seiten der Kunden, denn der Tenor der Richter war, dass gerade dann die Online-Banken leisten müssten, was sie versprechen (Landgericht Itzehoe, Az.: 1 S 92/01). Wenn Sie sich nach Ihren ersten Onlinebanking-Schritten zu einem Multi-Trader entwickeln sollten, werden Sie dieser Thematik eine größere Bedeutung einräumen und gegebenenfalls die Bank wechseln.

Wenn Sie den Verdacht haben, dass Sie ausspioniert werden, sperren Sie auf jeden Fall Ihr Konto über die Hotline. Im Kapitel über die Sicherheit haben Sie gesehen, was passieren kann. Ist Ihr Konto erst einmal gesperrt, kann niemand mehr unbefugt etwas überweisen oder Wertpapiere verkaufen.

Die oberste Regel für jeden Notfall lautet also, wie auch sonst im Leben: Ruhe bewahren! Die zweite Regel heißt: Genau hinsehen! Und die dritte Regel lautet: Rufen Sie die Hotline an! So kann Ihnen nichts mehr passieren. Ihr Geld bei der Direktbank ist wegen eines technischen „Notfalls" noch lange nicht weg.

10. Homebanking-Software

Vielleicht ist es bei Ihnen nach einiger Zeit, in der Sie sich zum „Onlinebanking-Profi" entwickelt haben, so oder ähnlich: Sie haben ein Girokonto bei Ihrer Hausbank, ein Tagesgeldkonto und Depot bei der Direktbank 1 und ein weiteres Tagesgeldkonto und ein Festgeld bei der Direktbank 2. Um den Überblick über die Bewegungen bei den verschiedenen Banken zu behalten, ohne sich in Papierbergen von ausgedruckten Konto- und Depotauszügen zu verzetteln, wünschen Sie sich eine Möglichkeit, die Daten mit einem Computerprogramm zusammenzufassen.

Für diese Zwecke gibt es spezielle Homebanking-Software. Damit können Sie aus einem Programm heraus auf Ihre verschiedenen Bankkonten und -depots zugreifen und diese verwalten.

Zunächst müssen Sie jede Bankverbindung freischalten und damit der Finanzsoftware erlauben, die Daten der Banken zu übertragen. Danach können Sie aus der Finanzsoftware heraus zum Beispiel Überweisungen tätigen, Zahlungseingänge überwachen und Depotstände abrufen, ohne die Webseite jeder Bank einzeln aufrufen zu müssen.

Neben dieser Vereinfachung Ihrer Bankgeschäfte bieten die Programme aber auch noch sinnvolle Auswertungsmöglichkeiten. Sie können wie bei einem Haushaltsbuch Ihre sonstigen

Einnahmen und Ausgaben erfassen und bestimmten Kategorien zuordnen. Die Software kann dann auswerten, für was Sie in ausgewählten Zeiträumen Geld ausgegeben und eingenommen haben. Dazu ordnen Sie die Zahlungsströme einzelnen Kategorien wie zum Beispiel Miete, Altersvorsorge, Versicherungen, Strom und Freizeit zu. Anhand grafischer Darstellungen sehen Sie dann schnell wo Ihr Geld hingeht und wo Sie Sparpotenziale haben. Manche Programme bieten darüber hinaus zusätzliche Funktionen wie Finanztipps und Budgetplaner.

Ein weiterer Vorteil von Banking-Software ist, dass Sie Kontobewegungen auf Ihrer Festplatte speichern können und damit jederzeit Zugriff darauf haben. Viele Banken halten solche Daten nur für einen begrenzten Zeitraum vor. Über Suchfunktionen in der Software können Sie die von Ihnen gesuchte Transaktion schnell finden.

In puncto Sicherheit unterstützen alle Programme die verbreiteten Sicherheitsstandards.

 Sie sollten niemals Ihre PINs in einem sogenannten Online-Tresor hinterlegen. Das ist eine verschlüsselte Datenbank im Internet, in der Sie alle Ihre Passwörter hinterlegen können, und die mit einem Master-Passwort geschützt wird. Auf diese Weise müssen Sie sich nur noch das Master-Passwort merken und haben dann Zugriff auf Ihre Passwörter. Hinterlegen Sie aber Ihre PINs in einem solchen Online-Tresor, riskieren Sie

einen Haftungsausschluss der Bank, da in den Geschäftsbedingungen der meisten Banken die Speicherung von Daten bei Dritten untersagt ist.

Die gängigen Homebanking-Programme kosten zwischen 15 und 80 Euro. Sie unterscheiden sich insbesondere im Funktionsumfang. Die günstige Software „Geldtipps Homebanking" konzentriert sich auf die wichtigsten Funktionen rund um die Erfassung von Einnahmen und Ausgaben, hat aber kaum Extras. Teuerere Programme mit zusätzlichen Funktionen sind „WISO Mein Geld", „Star Money", „Quicken" und „Moneyplex".

11. Banking unterwegs mit Smartphones

Sie können Ihre Bankgeschäfte mittlerweile auch von unterwegs mit einem Smartphone erledigen, das Stichwort dazu ist Mobile-Banking.

Dazu bieten die meisten Banken spezielle mobile Versionen ihrer Webseiten und kostenfreie Miniprogramme, sogenannte Apps, an, deren Aufbau und Bedienung für die Bedienung mit Smartphones optimiert sind.

Bank	mobile Website	iPhone-App	Android-App
comdirect	mobile.comdirect.de	ja	ja
Cortal Consors	mobile.cortalconsors.de	ja	ja
ING-DiBa	m.ing-diba.de	ja	ja
DAB Bank	www.dab-bank.de/m	ja	nein
1822direkt	-	ja	ja
S Broker	-	ja	nein

Abbildung 22: Mobile Banking-Angebote einiger Direktbanken

Beim Mobile-Banking bieten die Banken in der Regel folgende Funktionen an:

- Mobile Kontoführung, also insbesondere die Möglichkeit, Überweisungen per Handy zu tätigen.
- Mobile Depotführung (Mobile-Brokerage): Kauf und Verkauf von Wertpapieren mittels Smartphone.
- Mobile Finanzinformationen: Aktuelle Marktdaten, Kurse von Indizes und Einzelwerten, Nachrichten, Filialfinder bei mobilen Diensten von Filialbanken.

Und was ist mit der Sicherheit?

Grundsätzlich lauern beim Mobile-Banking die gleichen Gefahren wie beim Onlinebanking am PC. Wichtig ist insbesondere, das Betriebssystem Ihres Handys immer auf dem neusten Stand zu halten. Wenn Sie E-Mails oder SMS-Nachrichten auf Ihrem Handy erhalten, die Sie auffordern, Ihre Bankdaten irgendwo einzugeben, sind das Phishing-Attacken, auf die Sie nicht reagieren dürfen (siehe Kapitel 5).

Ein weiteres Risiko ist das Verlieren oder der Diebstahl des Smartphones. Speichern Sie daher keine PINs und TANs auf dem Handy, auch nicht als getarnte Telefonnummern. Ferner sollte die Sperrfunktion des Handys aktiviert sein, wonach sich dieses nach einer bestimmten Zeit ohne Nutzung selbst sperrt und nur durch Eingabe des Kennworts des Nutzers entsperrt werden kann.

Nur wenige Banken bieten beim Mobile-Banking das mTAN-Verfahren an. Denn dieses Verfahren ist nicht sicher, wenn die TAN mittels SMS auf dasselbe Handy gesendet wird, von dem aus auch die Überweisung oder die Wertpapierorder ausgeführt wird. Wollen Sie Überweisungen mit dem Smartphone vornehmen und das mTAN-Verfahren nutzen, müssen Sie deshalb für die Zusendung der SMS-TAN ein zweites Handy nutzen. Übliches Sicherheitsverfahren beim Mobile-Banking ist daher das iTAN-Verfahren.

Über den Download von anderen Apps können unbeabsichtigt Schadprogramme oder Programme, die zu viele Daten über den Nutzer sammeln, auf Ihr Handy gelangen. Achten Sie auch darauf, welche Zugriffsrechte die Applikationen einfordern und ändern Sie gegebenenfalls die Datenschutzeinstellung der Apps im Menü. Laden Sie Apps immer nur aus vertrauenswürdigen Quellen herunter.

 Falls Sie Ihr Handy eines Tage verschenken oder verkaufen, löschen Sie vorher sensible Daten.

12. Willkommen im 21. Jahrhundert!

Wir sind am Ziel Ihrer Reise angekommen. Lehnen Sie sich für ein paar Sekunden entspannt zurück und denken Sie über das nach, was Sie gelesen haben. Vielleicht haben Sie mit dem Buch neben der Tastatur die Welt der Direktbanken aktiv erkundet. Möglicherweise haben Sie Ihr schon eröffnetes Direktbank-Konto gerade zum ersten Mal genutzt. Einige von Ihnen zählen sicherlich auch zu den Menschen, die erst einmal lesen, bevor sie handeln. Egal, welcher Typ Sie sind – es freut uns, dass Sie sich auf diese Reise eingelassen haben. Reisen sind ja immer ein Abenteuer, ein Wagnis.

Schauen Sie sich mit uns an, welches Wagnis Frau Moritz eingegangen ist:

Frau Moritz hat nach der Scheidung von ihrem Mann eine Zeit lang „so weitergemacht wie bisher". Ihr Ex-Mann kümmerte sich weiterhin um die Geldanlagen. Nach einiger Zeit merkte sie, dass sie sich auch in dieser Angelegenheit von ihrem Mann trennen sollte, und sie beschloss, die Sache selbst in die Hand zunehmen. Sie entschied sich für eine Vermögensverwaltung. Die Unterlagen der Vermögensverwaltung ließ sie regelmäßig von uns überprüfen. Jedes Jahr regte sie sich über die hohen Gebühren gepaart mit einer relativ geringen Rendite auf. Ich erklärte ihr, dass das praktisch nicht anders sein könnte. Die Gebühren waren branchenüblich und nicht einmal besonders hoch. Die gewählte Anlagestrategie war konservativ und im „sicheren" Bereich ist die Rendite nun mal weit entfernt von acht Prozent. Ich erklärte ihr, dass der Fehler an dieser Stelle praktisch „im System" liegt.

Frau Moritz begann nun, sich schlau zu machen. Sie besuchte mehrere Workshops bei uns und stellte plötzlich andere Fragen. Vor einem Jahr kam es im Rahmen des Jahresgesprächs wieder zu der Diskussion über die Gebühren. Auf die Frage, ob sie sich inzwischen zutrauen würde, die Anlagen selbst in die Hand zu nehmen, wenn wir ein entsprechendes Konzept zusammen erarbeiten würden, entschied sie sich für das Selbstmanagement ihrer Anlagen.

Sie eröffnete daraufhin ein Direktbankkonto. Erst als die Unterlagen da waren, sah sie sich die Homepage dieser Direktbank genauer an und befand diese für nicht anwenderfreundlich genug. Frau Moritz war jetzt sehr konsequent. Sie kündigte, bevor sie nur eine Handlung dort vorgenommen hatte, und ging „zurück auf Los".

Der zweite Versuch wurde ein Erfolg. Sie verwaltet inzwischen ihr Vermögen selbst. Wenn sie einmal nicht weiter weiß, lässt sie sich von uns coachen. Eine entscheidende Folge hat sie dabei akzeptiert: Es gibt Geldanlagen, die sie nicht macht, weil sie sie nicht versteht. Für so manchen Profi sieht ihr Anlageportfolio jetzt weitaus langweiliger aus als vorher: Statt Hedgefonds-Zertifikaten hat sie nun Festgelder, statt Discount-Zertifi-

katen ETFs, also nicht aktiv gemanagte und daher kostengünstige Investmentfonds, und einen weltweit anlegenden
gemanagten Aktienfonds. Es versucht sie auch keiner mehr zu
beeinflussen, ob Goldmünzen ein adäquates Investment sind.
Frau Moritz hat sich einfach einige von denen gekauft, die ihr
so gut gefallen haben. Mit der Rendite des gesamten
Vermögens für das erste Dreivierteljahr ist sie übrigens sehr
zufrieden.

Am Beispiel von Frau Moritz sehen Sie sehr schön, dass das,
was andere vielleicht als Rückschritt bezeichnen würden, in
Wahrheit ein riesiger Schritt zur finanziellen Freiheit bedeutet.
Wenn Sie sich an die Regel halten, nur in die Anlagen zu
investieren, die Sie verstehen und die Sie für richtig halten,
werden Sie weniger Fehler machen.

Sie werden nicht „keine Fehler" machen, aber es sind Fehler,
für die Sie selbst verantwortlich sind. Es wird keinen Banker
oder Finanzvermittler mehr geben, auf den Sie die Schuld
schieben können. Es gibt nur noch Sie und Ihre persönliche
Strategie, die Sie verstehen und die wirklich zu Ihnen passt.

Seien Sie kühn und nehmen Sie Ihre Finanzen in die eigene
Hand!

Wir wünsche Ihnen viel Erfolg dabei.

Herzlichst, Ihre Stefanie und Markus Kühn

Danke

Den Lesern der bisherigen Auflagen danken wir für ihr freundliches Feedback. Jede Mail mit einem „Ihr Buch liegt beim Onlinebanking immer neben mir" oder „Dank Ihrer Checkliste bin ich jetzt viel ruhiger" zeigte uns, das unser Buch gebraucht wird.

Den Mandanten, die wir bei den ersten Schritten im Onlinebanking begleitet haben, danken wir dafür, dass wir erleben durften, wo die „Knackpunkte" liegen. Nur deshalb können wir sichergehen, dass wir in unserem Buch Sie als Leser gut begleiten können.

Den Mandanten, die mit uns „Übungen für Fortgeschrittene" im Onlinebanking gemacht haben, danken wir ebenfalls. Wir wissen daher genau, an welchen Stellen beim Wertpapierkauf über die Börse es immer zu Verunsicherungen kommt.

Danke, dass wir Sie, liebe Leser ein Stück begleiten durften.

Wir danken auch an den Direktbanken ING-DiBa, comdirect, Cortal Consors und DAB Bank für die freundliche Genehmigung, Screenshots ihrer Seiten in diesem Buch abzubilden.

Wenn Sie Fragen oder Anregungen haben, wenden Sie sich gerne unter info@private-finanzplanung-kuehn.de an uns.

Ihre Stefanie und Markus Kühn

Zum Weiterlesen: Links und Literaturempfehlungen

Links:

www.private-finanzplanung-kuehn.de: aktuelle Infos, Seminare

www.kanzlei-m-kuehn.de: RA Kühn, Informationen zum Thema Erben und Vererben

http://www.bankenverband.de/themen/geldinfos-finanzen/einlagensicherung: Infos zur Einlagensicherung

www.baadermarkets.de: Gute Tools für die Anleihensuche

www.beraterlotse.de: Suchdienst zum Finden von unabhängigen Honorarberatern und Experten rund um die Geldanlage

www.boerse-frankfurt.de: Überblick über die in Deutschland gehandelten ETFs

http://www.chip.de/artikel/Virenscanner-im-Vergleich-AV-Test-prueft-23-Sicherheits-Suiten_57514734.html: Vergleichstest von Anti-Viren-Scanner-Software

www.fpsb.de: Homepage des Financial Planners Standards Board Deutschland

www.gold.de: Edelmetallhändler in Ihrer Nähe

www.heise.de: Nachrichten und Informationen mit dem Schwerpunkt Informations- und Telekommunikationstechnik

www.onvista.de: Informative Finanz-Webseite

www.test.de: Webseite der Stiftung Warentest

Literaturempfehlungen (nicht nur zum Thema Geld)

Mitch Albom: Dienstags bei Morrie: Die Lehre eines Lebens, München 2002

George S. Clason: Der reichste Mann von Babylon – Erfolgsgeheimnisse der Antike, München 2006

Rolf Dobelli: Wer bin ich? 777 indiskrete Fragen, Zürich 2008

Rof Dobelli: Die Kunst des klaren Denkens, München 2011

Anja Förster und Peter Kreuz: Nur Tote bleiben liegen, Frankfurt/M. 2010

John Izzo: Die fünf Geheimnisse, die Sie entdecken sollten, bevor Sie sterben, München 2010

Werner Tiki Küstenmacher und Lothar J. Seiwert: Simplify your life - Einfacher und glücklicher leben. Frankfurt/Main 2008

Werner Tiki Küstenmacher: JesusLuxus: Die Kunst wahrhaft verschwenderischen Lebens. München 2008

Donella Meadows: Wenn die Welt ein kleines Dorf mit nur 1001 Einwohnern wäre. München 2003

Cheryl Richardson: It's your life. Heidelberg 2002

Jim Stovall: Das Ultimative Geschenk. München 2010

William Paul Young: Die Hütte: Ein Wochenende mit Gott, Bremen 2009

Weitere Ratgeber von Stefanie und Markus Kühn

Geldanlage für Fleißige

Mehr Wissen, mehr Rendite!

Verlag: Stiftung Warentest, 2012

ISBN: 978-3868513233

Ein Mann ist kein Vermögen

Finanzielle Unabhängigkeit für Frauen

Verlag: Bod, 2011

ISBN: 978-3842346215

Leben ohne Bankberater

Gut informiert, sicher im Online-

Banking, finanziell selbstbestimmt

Verlag: Linde, 2009

ISBN: 978-3709302538

Gelassen in die Zukunft

Die Kühn-Strategie ® für

finanzielle Unabhängigkeit

Verlag: Börsenmedien AG, 2009

ISBN: 978-3938350812

Finanzratgeber für Eltern

Neuauflage erscheint voraussichtlich noch 2013

Die Autoren

 Stefanie und Markus Kühn stehen für eine neue Generation von Finanzexperten und Beratern: Höchst kompetent und modern, dabei aber auch grundehrlich und bodenständig.

Stefanie Kühn ist Diplom Wirtschaftsingenieurin, Markus Kühn ist Rechtsanwalt und Testamentsvollstrecker (ebs). Beide sind Finanzökonomen (ebs) und tragen das internationale Gütesiegel Certified Financial Planner. Stefanie Kühn gehört zu den Pionieren der Honorarberatung in Deutschland. Beide werden von einer der führenden Finanzzeitschriften €uro seit Jahren ständig unter den besten Finanzexperten Deutschlands geführt. Weitere Einzelheiten finden Sie unter

www.private-finanzplanung-kuehn.de und
www.kanzlei-m-kuehn.de .

Beide sind sind gefragte Ratgeber und Experten in Presse, Funk und Fernsehen. Stefanie Kühn ist überdies auch als Finanzcoach, Dozentin und Keynote-Speakerin tätig.

Sie leben mit ihren drei Kindern in Grafing bei München.

Für Ihre Notizen